従順さのどこがいけないのか

将基面貴巳 Shogimen Takashi

★――ちくまプリマー新書
385

目次＊Contents

イラスト　宇田川由美子

はじめに

私が住むニュージーランド南島のダニーデンという街では、近年、毎年のように高校生たちが「気候変動学校ストライキ」という抗議デモを行っています。

スウェーデンの環境運動家グレタ・トゥンベリーがはじめた、地球温暖化に反対する運動の一環です。

環境問題に強い関心を持つ学生たちがリーダーとなり、地元の他校の高校生たちと連携することで行われる学生主導のデモです。

こうして大勢の生徒たちは、教室を出て街の目抜き通りを、プラカードを掲げて行進しながら、異常気象への対策に大人たちが真剣に取り組んでいない現状に抗議して声を上げるのです。

このような運動はダニーデンに限った話ではありません。

首都ウェリントンでは、リーダーの学生たちが国会議事堂の前で演説し、南島の都市クライストチャーチでは、学生たちが市長と直談判する場面もありました。

「学校の授業を放棄して高校生がデモ行進するなんて、そんなメチャクチャな話があるか」

「学校の教師や生徒の親たちはいったい何をしているのか」

そんな声が聞こえてきそうです。

実は、この抗議デモ活動は、学校の承認を経て行っているもので、また、デモに生徒が参加するにあたって、学校は生徒の親たちから参加の承認を取り付けています。

つまり、学校も生徒の親たちもこうした運動をサポートしているのです。

こう聞くと、日本の大人たちはたいてい呆《あき》れかえるのではないでしょうか。日本の常識ではおよそ考えられないことだからです。

ところが、ニュージーランドの教師や親たちは、学校の授業で通常科目を学ぶだけが勉強ではない、と考えています。

高校生たちが大人になるための準備とは、学業を修めることだけではなく、就職して経済的に自立することだけでもありません。

大人になるということは、一人の市民（有権者）として公正な社会を築くことに貢献するために、政治や社会の諸問題に強い関心を持ち、積極的に関わっていくことも意味する、と理解しているのです。

ですから、高校時代から、環境問題だけでなく、女性や性的マイノリティ（LGBT）に対する差別、人種偏見に基づく差別、あるいはもっと身近ないじめの問題などに関して、現状に対する理解を深め、対策をどう講じるべきか、を授業や課外活動を通じて論じ合い、実際に行動を起こすのが当たり前となっているわけです。

環境問題や差別問題などは、日本でも連日のように新聞などのメディアで論じられている「政治」問題です。

しかし、若い読者のみなさんにとって、「政治」はあまり身近な事柄ではないとお考えではないでしょうか。

国会議事堂や霞が関で、一部の「偉い」大人たちが行うことであって、みなさんとはあまり関係のないこととお考えではありませんか。

ところが、実は、「政治」とは私たちの日常生活の中で毎日のように経験することなのです。

いま日本の学校では、問題が続発しています。

運動部員の生徒をコーチの先生が殴って怪我をさせるといった事件が相次いでいます。

女子生徒に対して男性教師が性的な嫌がらせをするセクハラ事件も後を断ちません。

一般常識とはかけはなれた理不尽な校則がまかり通っています。

学校では、先生は生徒に向かってあれこれ命令する存在です。

ですから、生徒は、先生に服従するのが、当たり前だと考えられています。

しかし、こうした問題は、先生が生徒に向かって理不尽な要求や処罰をすることから生じているのです。

理不尽な命令や処罰には黙って服従しなければならないのでしょうか。

さらに、先生がある一人の生徒に対してパワハラやセクハラ行為を行っているのを、生徒であるあなたが目撃したとしましょう。

それを見て見ぬふりして通り過ぎてしまっても良いのでしょうか。

実は、このような状況もすべて「政治」なのです。

「政治」とは、国会議事堂や国際機関で行われていることだけではありません。「権威」として現れる存在に服従することや従順であることが要求される状況は、すべて「政治」です。

学校の先生は、正当な指示をしたり処罰をしたりする限りでは、生徒にとって「権威」として立ち現れています。

しかし、先生に服従したり従順であることが間違いであると考えられる場合には、不服従の意思を表明する必要があるのではないでしょうか。

「権威」に対して従順であるかどうか、ということが「政治」であると理解すれば、冒頭で紹介した「気候変動学校ストライキ」も全く同様の「政治」行動であることがわかります。

政治や財界のリーダーである大人たちが環境問題に有効な対策を講じていないことに対して、黙っていないで抗議することは不服従の意思を示すことに他ならないからです。

本書では、「政治」という現象を、「服従」や「従順さ」、そしてそれとは反対の「不服従」や「抵抗」というキーワードを中心に考えてみたいと思います。

いまの日本社会には、私たち一人ひとりが、従順であることを要求する心理的圧力が充満しています。

ひょっとするとあなたはそんな社会に息苦しさを感じているかもしれません。「服従」と「不服従」をめぐって思考を整理すれば、その息苦しさから抜け出すための糸口を見出すことができるでしょう。

しかし、もしあなたが、従順であることに何の疑問も抱かないでいるとすれば、「服従」について考えを深めることは、これまで見えなかった恐るべき落とし穴があることに気づくことになるでしょう。

いずれにしても、従順さや不服従といった問題を解きほぐしてゆくことで、私たちの日々の生活を生き抜くことが、まさに「政治」そのものであることも見えてくると思います。政治とは避けようにも避けて通れないものなのです。

本書が、あなたにとって「政治」との関わり方を見直すきっかけとなることを期待しています。

第一章　人はなぜ服従しがちなのか

世界では様々な抵抗が起きている

現在、世界を読みとくためのキーワードの一つに「**不服従**」というものがあります。女性への性暴力に反対する#MeToo運動や、特に黒人に対する人種差別と警察による暴力に抗議するブラック・ライブズ・マター（BLM）運動。また、中国政府による「中国化」の結果、自由が剝奪され自治が大きく後退している香港や、軍事クーデターの結果、民主主義が危機にあるミャンマーでの反政府運動。そして、グレタ・トゥンベリーがリードする国際的な環境保護運動など。

どれも政治社会の現状に対して「NO」を叫び、事態の改善を求めるために抗議し、場合によっては体制に対して不服従の意思を明示するものばかりです。

このように、欧米やアジア諸国では「不服従運動」が現代政治を語る上で見逃すことのできない重要性を持っています。

こうした世界の実情と比べて、日本では抗議活動は一般的に言って低調です。

世界各国で様々な抗議活動が展開されているのを見聞して、どのような感想をお持ちでしょうか？

「あのように抗議運動をしても結局のところは何も変わりはしないのだから騒がしいだけハタ迷惑だ」

「時代の潮流がそのようになっているのだから、それに逆らったって仕方がないじゃないか」

「そもそも政府に抗議するなんて、いけないことではないのか」

このような感想を持つ人々をご存じではないでしょうか。

あるいは、あなたがそのようにお考えかもしれません。


この世界に広く見られる「不服従」という政治現象をどう考えるべきでしょうか？

本書では、従順さや服従することが果たして本当に良いことなのかどうか、そして、服従しない行為が正しい選択である場合があるのかどうか、という問題をみなさんと考えてみたいと思います。

まずこんな例から始めてみましょう。

ミルグラムの心理学実験

一九六二年に、アメリカの心理学者スタンレー・ミルグラムは、イェール大学で次のような実験を行いました。

この実験には二人の人物が参加し、一人が先生の役割を、もう一人が生徒の役割を演じました。

この二人には、実験の目的を「罰が学習に与える影響を調べるため」と説明しました。

生徒役の人物は椅子に座り、両腕は動かないように固定され、手首には電極がつながれていました。生徒役には、ある単語の一覧表を記憶するといった課題が出されます。

その後、教師役の人物は、生徒に単語を覚えているか問題を出し、生徒が間違った解答をするたびに、電気ショックを与えるのです。

しかも、その電気ショックは、間違えるたびに少しずつ大きくなるというおまけ付きでした……。

このように教師役の人物はこの実験について説明を受けていたので、心理学者の説明のとおり、生徒の学習効果の良し悪しが実験の目的だと思っていました。

ところが、実は、この実験を企画したミルグラムの本当のねらいは、そんなものではありませんでした。実験の本当の関心事は、教師役の人物がどのような行動をとるか、を調べることでした。それは次のようなことです。

生徒役の人物が椅子に縛りつけられたのを見た後で、教師役の人物は、電気ショック発生器の前に座らされました。

その機械には三〇個のスイッチが並んでおり、一五ボルトから四五〇ボルトまで一五ボルト刻みで電気ショックを与えられるようになっていました。

生徒が正解すれば、次の問題に移りますが、間違った解答をしたらまず一番低い一五ボルトの電気ショックを加えることから始め、間違える度に一五ボルトずつ高い電気ショックを与えるよう、心理学者が教師役に指示しました。

この教師役は公募で選ばれた、本当に何も知らない人だったのですが、一方の生徒役は実は俳優で、実際には電気ショックを加えられていないのに、電気ショックを受けたかのように演じていました。

つまり、この実験の本当のねらいは、電気ショックにうめき抗議する(演技をする)「生徒」を目の前にして、どんどん電気ショックを強くするよう心理学者によって指示されたとき、その教師役の人はその指示に従うのか、それとも逆らうのか、を観察する点にあったのです。

電気ショックを受ける「生徒」は七〇ボルトでうめき声を上げ、一二〇ボルトで文句を言い、一五〇ボルトでは、実験の中止を喘《あえ》ぎつつ求めます。ついに二八五ボルトでは絶叫するのでした。

しかし、心理学者は、教師役が電気ショックを与えるたびに「そのまま続けてください」と指示するのです。

ミルグラムにとって最大の関心事は、いつどのようにして教師役が心理学者の「権威」に逆らうか、という点にありました。

この教師役には、性別や年齢、職業も異なる二九六人が公募で選ばれ、個別に上記のような実験・観察の対象となりました。

その結果、驚くべきことに、およそ三分の二の人々が、最高レベルまで電気ショックを与え続けたというのです。

つまり、心理学者という「権威」からの指示さえあれば、どれほど電気ショックを受ける人が苦しんでいても、ごく普通の人々でさえ、残酷な行為を最後の最後まで行い続けた、というわけです。

ミルグラムはその著書『服従の心理』で結論づけています。**ごく平凡な人でも、ある権威からの指示がありさえすれば、どんな非人道的な行為であっても行う、**と。

しかし、常識的な道徳感覚からすれば、これは不思議な結論だと思いませんか？

目の前の「生徒」は苦しみもがいているわけですから、いくら心理学者から指示を受けたからと言っても、他人に危害を加える行為を続けることを拒否してもおかしくないはずです。

ミルグラムの実験。痛そうにしているのは演技である

実際、教師役を担当した人々には、電気ショックを加える実験を継続することをためらった人が少なくありませんでした。

それにもかかわらず、結局のところは、三分の二の人々が最後まで電気ショックを与え続けた、という点が、この実験の恐ろしさです。

「悪の凡庸さ」

ミルグラムがこのような実験を行うきっかけとなったのは、アドルフ・アイヒマンに対する裁判です。

アイヒマンは、ナチス統治時代のドイツで、ユダヤ人移送局長官を務め、アウシュヴィッツ強制収容所などへドイツとその占領地域からユダヤ人を大量に移送する指揮を執りました。いわゆるホロコースト、つまりユダヤ人大量虐殺の関係者の一人でした。

戦後は偽名を使ってアルゼンチンで逃亡生活を送ったのですが、一九六〇年にイスラエル諜報《ちょうほう》特務庁によって身柄を確保され、イスラエルへ連行されました。

翌一九六一年に、イスラエルのイェルサレムで、アイヒマンは人道に対する罪、ユダヤ人に対する犯罪などの理由で起訴され、裁判にかけられました。

この裁判で証言するアイヒマンは、しばしば映画で描かれるような極悪非道なナチスのイメージから程遠いものでした。

ユダヤ人大虐殺については「大変遺憾に思う」などと語ると同時に、自分が行ったことは「命令に従っただけだ」とアイヒマンは主張しました。

つまり、一種の使命感を抱いてユダヤ人虐殺に協力した悪の権化ではなく、ただ上司からの命令を粛々と実行するだけの小役人にすぎないことが明らかとなったわけです。

この裁判の傍聴席には、哲学者ハンナ・アーレントの姿がありました。

アーレントはユダヤ人で、戦時中にドイツからフランスを経てアメリカへ難民として渡った経験の持ち主です。

アイヒマン裁判の傍聴記録は、『イェルサレムのアイヒマン』という著作として一九六四年に刊行されました。

この著作は、刊行当時、大変な反響があり、アーレントは様々な批判にさらされました。

なぜ批判されたかと言えば、ひとつには、アイヒマンを悪の権化ではなく、思考することを知らない、ただの凡庸な人物だと論じたからです。

つまり、悪は、実のところ、思考停止状態の「凡庸さ」から生まれる、というのです。アーレントの名前を一躍有名にした「**悪の凡庸さ**」という概念はこうして生まれました。

しかし、ナチスを悪の権化として断罪することに躍起になっていた人々にとって、アーレントの冷めた見方は許しがたいものでした。

ですが、そこには、「悪」というものに対する冷徹な洞察があることは否定できません。

なぜなら、憎悪や悪意に満ち満ちていなくても、ただ単に「上司から指示されたことはやらねばならない」という、一見したところ単純で無害のような信念がとんでもない悪を成し遂げうる、ということをアーレントは明らかにしたからです。

ただし、念のために申し添えれば、アイヒマンは、実のところ、アーレントが観察したような、思考しない凡人だったのではなく、むしろ確信犯的な反ユダヤ主義者だったと主張する研究もあります。つまり、アーレントが裁判で観察したアイヒマンの姿は、死刑判決を免れるための芝居にすぎなかったというわけです。

しかし、たとえアイヒマンの実像がそうだったとしても、アーレントの示した洞察が無効だということにはなりません。

ごく平凡な人間が、上司からの命令を忠実に果たすだけで、とてつもない犯罪に加担することがあり得るというアーレントの指摘は、ミルグラムの心理学的実験によってその正しさが実証されたからです。

「政治」とは何か

「悪の凡庸さ」というアーレントの概念は、アイヒマンという個人が「政治」組織の中でどのように行動したかについて、アイヒマン自身の証言に基づいて提唱されたものです。

これに対し、ミルグラムが設定した学者と先生と生徒という実験環境は、私たちが普通「政治」という言葉で意味する事柄から大きくかけ離れているように思うかもしれません。
しかし、「政治」は、国会議事堂や霞が関の官庁で国会議員や官僚たちが行っている仕事だけを意味するのではありません。

「政治」は私たち自身が日常生活において毎日のように経験していることなのです。

「政治」とは何か。

この問いに対する回答には実に様々なものがありますが、本書で論じる「政治」とは、何者かが権威として立ち現れ、人々がその権威に服従すべきだと考えるような状況を意味します。

新聞やニュースで取り上げられる「政治」とは日本やアメリカといった国家における権威と服従の問題といえますが、国家を舞台とせず、企業や学校、ひいては一家庭内でも権威と服従の問題は存在します。その意味で、政治とは日常的に観察される出来事だといえます。

「権威」とは、簡単にいえば、私たちが自発的に服従したいと思うような存在のことです。

その「権威」の例として、内閣総理大臣や大統領などの政治的指導者が挙げられるのはいうまでもありません。

しかし、私がここで述べている「権威」とは日本の政府や国際政治を舞台とするものだけではなく、もっと広いものです。

たとえば、あなたが誰かのことを「偉いなあ」と思っていて、その「偉い人」の言うことにあなたが従うとき、あなたとその「偉い人」との間には「政治」という現象が出現していることになります。

権威が存在するところでは、権威に対して服従が求められます。あなた自身が他の人々にとっての「権威」として振る舞う以外、あなたは、誰かの権威に服従することが求められているはずです。その権威とは、家庭では親であり、学校では教師であり、会社では上司です。

権威に対して人が服従するとき秩序が出来上がるので、服従とは、社会秩序を保つためのセメントみたいなものだといえます。

ですから、権威の立場からすれば、みんなが大人しく従順に従ってくれれば、秩序を維持するのは簡単です。

そのため、「服従することは良いことだ」と権威の地位にある人々は決まって主張するものなのです。

しかも、日本人は秩序を特に重んじる傾向が強いようです。

それが証拠に、日本人の親はたいてい、子供に向かって「先生の言うことをよく聞きなさい」と言います。この「言うことを聞く」というのは、「先生の発言に注意深く耳を傾けなさい」という文字通りの意味ではなく、「先生の指示に従いなさい」ということを意味しているのはいうまでもありません。

アメリカ人の親なら、学校に行く子供には「先生の言うことをよく聞きなさい」なんて言いません。「先生にはよく質問をしなさい」と言う方が一般的でしょう。アメリカ人の親は子供が学校で何かを理解してくることを求めるのに対し、日本人の親は子供に学校で先生に服従するように指導するというわけです。

日本人がよろこんで服従する傾向が強いのは、こんなところに一因がありそうです。

「空気」・「同調圧力」・「大人の態度」

しかし、それだけではありません。

服従をめぐって日本にはさらに特別な事情がいくつかあります。

そのひとつは、**「空気」**です。

評論家の山本七平が『「空気」の研究』という書物を発表して以来、日本社会は「空気」が支配する社会であるという理解が一般化しました。

その「空気」ですが、定義をするのが難しい概念です。言ってみればその場の雰囲気やムードといったようなものでしょうか。

つまり、**特定の誰かがはっきりと意思決定したわけではないのに、ある意見や考え方がその場で支配的であると、そこにいる人々が全員思い込んでいるような状態**です。

たとえば、日本は、一九四一年一二月の真珠湾攻撃でアメリカと戦争を始めましたが、戦争開始の決定は「空気」に流された結果だったと一説にいわれています。つまり、関係者の間で話し合ううちになんとなく雰囲気として「戦争開始」へと突入したというのです。

　こんな重大な政治的決定でなくとも、「空気」は日本社会のあちこちで日常的に支配的な力をふるっています。日本人が数人、寄り集まって、どこかへ食事に行こうという時に、一人ひとりが「私はとんかつ屋がいい」「いや、とんかつは嫌だ。ハンバーガーがいい」などとはっきり自己主張することはあまりないでしょう。

「なんでもいいよ」とか「わからない」とか言っているうちに、その場の雰囲気でなんとなく、回転寿司にしよう、と決まってゆく場合、それはみんなが「空気」に支配された結果といえます。

「空気」に加えて、日本人に服従を強いる別の要因としては「同調圧力」があります。みんなと同じ行動をしなければいけない、みんなと同じ意見でなければならない、という雰囲気が日本社会では際立って支配的です。

　多くの人々が同一意見であるかのような雰囲気が出来上がってしまうと、自分だけ異なる意見を主張することがためらわれるようになってしまう時、同調圧力が働いているといえます。

その場合、全員が同じであるのが当然ということが暗黙の前提にあるわけです。しかし、ごく普通に考えてみれば、性別も性格も違う人々がみんな一緒のことしか考えないなんておかしなことです。むしろ、みんなそれぞれ意見が異なっていても不思議ではありません。

全員が一致しなければならないと考えるのは、それが保つべき秩序だということでもあります。

ですから、異論を主張することは「迷惑をかける」ことだと考えられがちです。これは日本社会では、身近なところで毎日のように生じていることですが、歴史上の事件を例にとってみても同様のことが言えます。

一九三七年のことです。東京帝国大学経済学部教授だった矢内原《やないはら》忠雄は、日中戦争が勃発すると、好戦的な日本政府の政策を批判する言論活動を展開しました。しかし、時代情勢は、戦争一色に染まり、戦争に協力することで一致するような「同調圧力」が高まっていました。

政府関係者や民間の右翼思想家、さらに政府に同調する大学の同僚は、次々に矢内原の反戦的な言論活動に攻撃を仕掛けました。

その結果、矢内原は教授を辞職する羽目となりました。

興味深いことに、辞職理由は、大学と同僚に「迷惑をかけた」ということでした。

このように、日本社会では支配的だと思われる意見には従わなければなりません。

逆に言えば、みんなが同じ意見でなければならないという「同調圧力」が高まってくると、異なる意見の持ち主は排除されてしまうのです。

大勢に迎合することが特に強く求められるのが日本社会の特色だと言えます。

この場合、何か明確な理由があって、誰か特定の人物に従うというのではありません。「空気」の場合は、その場にいる複数の人々になんとなく従い、「同調圧力」の場合は、不特定多数の顔の見えない人々が共有すると思われる同一意見に従うことが求められるのです。

さらに、もうひとつ付け加えれば、**自分個人の立場を強く主張し、多数派に抵抗することは、日本社会では「大人ではない」と評されます。**

自己主張が強く、反抗的なことは子供じみているというのです。

確かに、人間の発達段階にはいわゆる「反抗期」があります。他人の指示に対して抵抗する態度は、幼児期にまず見られ（第一次反抗期）、その後、思春期にも見られます（第二次反抗期）。

このような精神発達過程からすると、反抗しなくなり従順になることが「大人」であるかのようです。

そうした認識を受けてでしょうか、日本社会は、「長いものに巻かれ」ることをよしとする点で際立っています。

このように私たちの日常生活では、服従すること、従順であることが求められる場面が頻繁に見られます。

しかし、服従すること、従順なことは本当に良いことなのでしょうか？

ミルグラムの実験は、権威に従順に従うことで、ごく普通の人が、一般的な道徳観念では明らかに間違っているとされるような、加害行為を行ってしまうことを明らかにしました。

権威に従うことは、必ずしも道徳的だとはいえない場合があるのです。なぜ服従することが必ずしも道徳的に正しくないのか、については、おいおい検討してゆきますが、まず、その前に、なぜ人々は一般的に従順であろうとしがちなのか、について考えておきたいと思います。

日本人が従順で服従しがちであることの背景である「空気」と「同調圧力」については、すでに説明しましたので、これらの他に、人々が何かに服従する理由としてはどのようなものが考えられるかについて検討しておきましょう。

習慣としての服従

不服従というテーマについて、歴史に立ち返って考える際、見逃すことのできない書物がいくつかあります。

そんな古典のひとつに、一六世紀フランスの法律家エティエンヌ・ド・ラ・ボエシが執筆した『自発的隷従論』があります。

ド・ラ・ボエシはこの作品の中で、ちょっと意表をつく問題提起をします。それは、たった一人の人間にすぎない国王になぜ大勢の人々が黙って服従しているのか、という問いです。

二人や三人の場合は一人を相手にして勝てなかったために、その一人に従うということはありうるかもしれません。しかし、一〇〇人、いや一〇〇〇人もの人々が、たった一人の人間の命令にじっと我慢して従っているのは、一体どういうわけか。

なるほどそう言われてみれば、たしかに「奇妙」です。その現象について、ド・ラ・ボエシは言います。「それは、彼らがその者をやっつける勇気がないのではなく、やっつけることを望んでいないからだ」。つまり、人々は「自発的」にたった一人の支配者に「隷従」しているのだ、というわけです。『自発的隷従論』という書名はこの主張を端的に要約しています。

人々がたった一人の支配者に黙って服従することが常態化してしまうと、それは人々の習慣となります。習慣として身についたことは、自然なこととして人間は理解するものです。

日本人が箸で食事をする習慣を幼いうちに体得すると、箸を使った食生活は自然なものとなり、取り立てて不思議に思うことはありません。でも、インド人は右手だけを使って食事をしますし、欧米人がナイフとフォークを使うように習慣はそれぞれ異なります。それと同様に圧政者のもとで隷従を長年強いられてきた人々は、それ以外の可能性を考えることをしないで、服従することが習い性となってしまいます。

したがって、支配者が圧政者となり果てて、人々を抑圧しているとしても、服従するのが自然な状態である以上、服従をあえて拒否するには多大な心理的抵抗が生じることになります。

こう考えると、圧政者による政治の不正を正すのに、私たちがまず戦わなければならないのはその圧政者本人ではないことがわかります。むしろ、**私たちは、私たち自身の内面に確立されてしまった、服従する「習慣」と戦わなければならない、**とド・ラ・ボエシは指摘しています。

その服従する「習慣」とは、思考の惰性でもあるといってよいでしょう。

一八世紀アメリカの思想家トマス・ペインは、その著書『コモン・センス』の開巻冒頭で書いています。
「物事を間違っていると考えようとしない長い間の習慣によって、すべてのものが表面上正しいかのような様子を示すものだ。そして初めはだれもがこの習慣を守ろうとして、恐ろしい叫び声を上げるのだ」
トマス・ペインは、アメリカ独立革命に思想面で大きな影響力を持った人です。アメリカがイギリスの植民地でいることとは「習慣」となっているが、それが正しいこととは必ずしも言えない。しかし、それが習慣となってしまっているために、その習慣を打破しようとする試みには「恐ろしい叫び声を上げる」というわけです。

しかし、時間が経《た》てば人々のものの考え方も変わる、とペインは述べて、イギリスによる「権力の濫用」に抵抗することを読者に呼びかけました。

さて、この「習慣」ですが、言い換えれば「慣れ」ともいえます。

何でも少しずつ変化してゆくうちに、次第に「慣れ」て、しばらくすると大きな変化になっていることに気づくことがあります。

チリも積もれば山となる、です。

同様に、不正なことでも「これくらいいいだろう」と口説かれて、「確かにあまりひどいことではないな」とその不正なことに手を染めたとしましょう。しかし、「これくらいいいだろう」を何度も繰り返すうちに、いつの間にかとんでもない悪事に関わってしまっているということがあります。企業の会計不正はその典型例です。

このように少しずつの変化に慣らされるうちに、いつの間にか、とんでもない不正が横行するようになってしまう。

不正権力に服従するのも、小さな不正を見逃すことを繰り返すうちに、不正に「慣れ」てしまう結果だ、ということができます。

安心するための服従

ミルグラムの実験は、普通の人々が権威にいともたやすく服従する傾向があることを示したわけですが、そもそも、私たちが権威に服従しがちであって、むしろ服従しないことの方が難しいと感じるのはなぜなのでしょうか？

それは、**ある権威や権力に服従する限り、自分が安心できるからです。**自分が信頼し、場合によっては崇拝している権威が決めることに従っていれば、自分は間違いを犯すはずがないと信じられるからです。

その上、その権威に従うのが自分だけでなく、他にも多くの人々が服従しているなら、なおさら安心感は増します。

この点、あなたにも心当たりがないでしょうか。

なんとなく、多数派の意見に寄り添っていれば安心だ、と思いませんか。

たとえば、日本政治の現状には満足がいかないが、変化による混乱は避けたい。つまり、安定感に浸っていたいので、現状維持のために多数派に同調していませんか。

さらには、現状を批判し、不服従を呼びかけるような少数者は、既存秩序をみだすのでハタ迷惑だ、と思っていませんか。

あるいは、自分には異論があるのだけれど、他人から迷惑がられるのが嫌で、多数派に追従していませんか。

朝日新聞が二〇二〇年七月に行った世論調査によれば、当時の安倍晋三政権に対する支持率は、支持が三三％、不支持が五〇％だったそうですが、二九歳以下の若い人々の間では、支持四六％、不支持二九％と、支持が不支持を上回ったといいます。

一応、民主的に選出された以上、現実に政権の座にある限り、権威を持った存在に見えてしまうかもしれません。

その結果、政権側に寄り添い、批判勢力には「空気が読めない」不愉快な人々だという印象を抱いていませんか。

多数派に同調している限り安心だ、ということは、逆に言えば、服従しないことには勇気が必要だということです。多数派を権威とみなす限り、これに服従しないと安心できないからです。

一八世紀ドイツの哲学者カントが「啓蒙《けいもう》とは何か」を論じた際、掲げたモットーは「知る勇気を持て（Sapere aude）」でした。

ヨーロッパの知的世界で巨大な権威を教会が有していた時代では、教会が権威をもって教えることに従うことが当然視されていました。これに対し、カントは、教会権威が教えるところに従うのではなく、自分の理性を頼りに自分で考え判断せよ、と主張しました。

権威に頼らず自分の頭で判断することには不安が伴います。だからこそ、「知る勇気を持て」と読者に呼び掛けたのです。

ミルグラムの実験で、実験を行う心理学者は「権威」として立ち現れています。服従の問題は、権威への態度の問題でもあるわけです。

その権威が、何かとんでもなく偉大だと思われている存在だとどうなるでしょうか。そんな崇高な権威には、いとも簡単に従順になってしまうものではないでしょうか。カトリック教会の教皇に対して信者は恭順な態度を取るものですし、日本でも天皇をはじめとする皇族の面前では「畏れ多い」などと言って、へりくだるものではないでしょうか。

多数派の支持を受けている存在や、崇高だと思われている人々には「権威」の後光がさしています。これに服従することで人は安心感を得るので、服従しないことにはかなりの勇気が必要となるのです。

責任回避としての服従

さらに、**服従することは、自分が責任を取らなくて良いことを意味する**ようです。実際、冒頭で紹介した実験を行ったミルグラムも言っています。「服従の本質というのは、人が自分を別の人間の願望実行の道具として考えるようになり、したがって自分の行動に責任をとらなくていいと考えるようになる点にある」。

命令を実行するとき、命令される人は命令する人にとっての「道具」でしかありません。だから、命令される人には責任がなく、責任を負うのは命令する人だと考えるのです。

ですが、服従しさえすれば、本当に責任はないのでしょうか?

命令を実行する人は、実際に、命令された事柄を実現しています。その限りでは、命令する人に劣らず、そのことに深く関わっていることに変わりはありません。

ただ、ここでの問題は、自分の行動について自分で決定しない、という点です。

単に「命令されたから」命令されたことを行うというのは、自分で自分の行動を選び

取っておらず、他人任せなのです。

自分の行動の選択を他人任せにするのは、別に「命令」されなくても、しばしば日常生活で起こっていることです。

「自分は、本当は文系志望なんだが、親が理系を選択すべきだというからしょうがない」

「自分はこの男性が特に好きではないんだけど、親や知人が強く勧めるから、この人と結婚することにした」

「自分は今勤めている会社が嫌で嫌でたまらないんだけど、辞める勇気もなかったところ、友人からの助言に従って辞めることにした」

こんなふうに考えている場合は、いずれも、自分で自分の望むところを選ぼうとしていないことになります。

しかし、その結果、「理系学部に進学したけど、勉強がつまらなくてどうしようもない」とか「結婚はしたものの、結婚相手が大嫌いになっちゃった」とか「会社を辞めたはいいけど、再就職先がない」なんていうことになったらどうするのでしょうか。

「親がそうしろというから」「友人がそうアドヴァイスしたから」といくら愚痴を言ってみたところで親や友人には責任の取りようがありません。

このように、ミルグラムが指摘した「命令されることで命令する人の道具になる」ということは、「他人任せで自分では何も判断しないし、何も決定しない」ということなのです。

判断も決定もしないことから責任がなく、楽で自由だと思い込んでいるわけです。

確かに、ある選択を迫られる時、自分で判断し決定しなければならないことは、決して楽ではありません。しかし、本来、自分で意思決定することこそが「自由」の意味するところです。

ですが、自分で意思決定することに伴う責任から逃れられることにも、一種の解放感があります。その解放感を「自由」と取り違えることが少なくありません。

しかも、「命令されたから」大量虐殺の執行許可を与えたアイヒマンは、「命令されたことをやっただけ」とは言っても、その責任を取らされ死刑となりました。

ナチス・ドイツの戦犯を裁いたニュルンベルク裁判については、俳優ピーター・ユスティノフが雑誌『ニューヨーカー』にこう書いています。

「何世紀にもわたって、人類は服従しないことを理由に処罰されてきた。ニュルンベルクで、人類は初めて服従したことを理由に処罰されたのである」

服従するということは必ずしも道徳的に正しいことではないし、服従することで責任は必ずしも免除されるわけではない。そのことを、第二次世界大戦の経験を経て、私たちは改めて噛《か》み締めることとなったわけです。

ギリシャ古典に見る不服従

「改めて」という一言を付け加えたのは、ヨーロッパの政治思想的な伝統では、服従は無条件的に正しいとは理解されてこなかったからです。

むしろ**「服従しないこと」は、西洋の思想的伝統において一つの根本テーマとなっている**、とさえ言えると思います。

たとえば、ユダヤ・キリスト教の伝統では、アダムとイヴが神の命令に従わず、知恵の木から実を取って食べたことで罪を犯し、その結果、二人はエデンの園を追われ、様々な苦難を背負って生きる存在となった、と説かれています。

もちろん、旧約聖書の創世記に見られるこの物語に、「神に対する不服従は罪である」というメッセージを読み取るのが一般的です。

しかし、それと同時に見逃してはいけないことは、まさに不服従という罪を犯すことによって、人間は自らの意思で自分の運命を切り開く存在となったという点です。人間が、人間自らの意思で生きるようになったのは、神に服従しなかったからなのです。

古代ギリシャの伝統においても同様のことが言えます。

ギリシャ神話によれば、人間はゼウスによって火を取り上げられてしまった結果、自然の寒さに凍えていました。

そのような境涯にあった人間をプロメテウスは哀れに思い、天界から火を盗んで地上の人間に与えたので、人間は火を用いた文明を享受することになりました。

しかし、それはゼウスの意思に反する行いでした。

つまり、プロメテウスがゼウスに服従しなかった結果、人間は、人間独自の文明を持つことになった、とギリシャ神話は説いているのです。

以上の例をもとに、二〇世紀ドイツの思想家エーリッヒ・フロムはいいます。「人間は不服従を通じて成長してきた。信仰や良心に基づき、権威に対して「NO」ということによって精神的発展が可能となった」

しかも、不服従を貫徹する能力があってこそ、知的な発展も可能となった、とフロムは指摘します。すなわち、新しい思想を抑圧する権威への不服従です。

有名な例としては、ガリレオが地動説を唱え、地動説を拒否する教会によって有罪判決が下されたケースがあります。

既存の権威に従うだけでは、新しい思想を創り出してゆくことは不可能なのです。

ヨーロッパの知的伝統では、不服従というテーマは、古代以来、繰り返し論じられてきています。

中でも古典として燦然《さんぜん》と輝くのはギリシャ悲劇の代表格、ソポクレース作の『アンティゴネー』です。

二〇世紀アメリカの哲学者で批評家のジョージ・スタイナーは、『アンティゴネー』

こそがヨーロッパ文化の根底をなすとまで高く評価しています。

さて、その物語ですが、主人公アンティゴネーはオイディプス王の娘で、彼女には二人の兄、ポリュネイケースとエテオクレースがいます。

この二人の兄は、オイディプス王の後継者として支配権をめぐって争い、エテオクレースは、ポリュネイケースを追放します。ポリュネイケースは兵力を集め反撃に出ますが、エテオクレースと相討ちとなり二人とも死亡します。

その結果、アンティゴネーの叔父クレオーンが王位を手中にしますが、このクレオーンは、ポリュネイケースを反逆者とみなし、適切に葬ることを禁じます。

これに対し、アンティゴネーは、王の命令に背き、兄の亡骸《なきがら》に砂をかけることで埋葬の代わりとしました。

そのため彼女は捕らえられ、クレオーンは、地下の墓場にアンティゴネーを生きたまま幽閉するよう命じます。

こうしてアンティゴネーは首をつって自殺し、彼女の許婚《いいなずけ》でクレオーンの息子であるハイモーンも彼女の後を追って自殺する、という悲劇です。

この物語の要《かなめ》は、アンティゴネーが権力者であるクレオーンに服従することを拒否した点にあります。
クレオーンは、国家と法の権威を絶対と考える人物です。
彼は言います。
「法に違反し法を曲げる輩
支配者をば指図せんなどと考える者、
かような者をわしは容認するわけには行かぬ。
(中略)
秩序統制のないところ、これにもまして大いなる禍いはない」
これに対し、アンティゴネーは、神々の法こそが絶対と考えます。なので、彼女はクレオーンにこう言います。
「殿様のお触れと申しても、殿様も所詮死すべき人の身ならば、
文字にこそ記されてはいないが確固不抜の神々の掟《おきて》に
優先するものではないと、そう考えたのです」

（『ギリシア悲劇全集3』〔岩波書店、一九九〇年〕所収の柳沼重剛訳による）

ただの人間にすぎない国王クレオーンの命令よりは「神々の掟」に従うべきだ、というわけです。

これは言い換えれば、クレオーンが合法性を絶対守るべき規範だと考えるのに対し、アンティゴネーは、神の法としての道徳的正当性こそが最も重要だと考えたといえます。

一八世紀末から一九世紀初頭に活躍したドイツの哲学者ヘーゲルは、『精神現象学』という著作の中で『アンティゴネー』を論じています。

彼によれば、『アンティゴネー』という悲劇の本質は、二つの規範的原則が対立しているが、どちらもそれなりに道理にかなっているところにあります。

クレオーンは決して悪い支配者とは言えません。なぜなら、国法の権威を唱え、この世の権力こそが人命を救い秩序を守ると彼が主張することには、それなりに一理あるからです。

ですが、法と秩序だけが正義だとはいえない。人間である国王の命令よりも神の掟に従うべきだ、というのが道徳的な正義の観点であり、それが人間の良心というものでもあります。

ウィリアム・テルも従わなかった

このように、アンティゴネーは支配者の命令に背いてでも人間の良心にしたがう生き様の象徴として、ヨーロッパの思想的伝統の中で記憶されているわけです。

ヨーロッパの思想的伝統には、このような古代ギリシャの遺産の他に、ユダヤ・キリスト教的なものもあります。

聖書でも特に旧約聖書に登場する預言者たち、たとえば、イザヤ、エレミヤ、アモス、ミカなどは、政治的権力や一般社会の風潮に対して従順ではなく、権力や民衆にとって耳の痛いことをはっきりと公言する人々です。

預言者とは、未来予測をする人々ではなく、神の言葉を人々に告げる存在です。

したがって、人々が神の法に従わなくなると、厳しく警告するのです。しかし、人は耳の痛いことを聞きたくはないものです。ですから、預言者たちはしばしば民衆から攻撃され、中には殺害された者もいるくらいです。

預言者たちが神の言葉に忠実であろうとするのは、アンティゴネーが神の掟に従ったのとちょうど相似関係にあります。

そして、このような預言者の生き様は、アンティゴネーと同様、ヨーロッパにおける不服従の模範的モデルとなってきたのです。

もう少し親しみやすい例を一つ挙げれば、スイス建国の英雄として知られるウィリアム・テルの物語もまた不服従というテーマに彩られています。

テルの時代のスイスはオーストリアの支配下にあって、テルが住んでいた土地もオーストリアの代官ゲスラーが専制権力を振るい、民衆に屈辱的な生活を強いていました。

代官は自分の権力の象徴である帽子を棒の上に置いて、この前を通るものは敬礼しなければならないというお触れを出しました。

テルは息子を連れてこの帽子の前を通りかかったのですが、二人とも敬礼しなかったため兵卒たちによって捕われてしまいます。

事情を聞いた代官ゲスラーは、罰として息子の頭の上にリンゴを置き、このリンゴを一矢で射落とせと、テルに命令します。

テルの矢はリンゴを見事射抜き、めでたしめでたしとなるはずでしたが、そこで悪代官ゲスラーはテルを呼び止めて尋ねます。なぜ、矢をもう一本持っていたのか、と。

もともとゲスラーの圧政に怒りを覚えていたテルは正直に答えます。

「もしリンゴを射抜くことに失敗し、息子に矢が当たりでもしたら、もう一本の矢で代官殿を射るつもりだった」

聞いたゲスラーは激怒し、テルを再び捕縛します。しかし、牢獄《ろうごく》への輸送中にテルは逃亡することに成功し、のちに、ゲスラーを弓矢で仕留めます。

テルがゲスラーを倒したことがきっかけとなって、民衆は一斉に蜂起し、オーストリアの支配勢力をスイスから一掃し、スイスに自由と独立がもたらされた、というお話です。

一九世紀になるまで、テルが実在の人物であると広く信じられていました。近代歴史学は、テルの物語がフィクションであることを明らかにしましたが、それにもかかわらず、暴政に対する不服従と抵抗というテルの物語は現代に至るまで広く語り継がれています。

『学問のすすめ』にも書かれている

不服従というテーマをめぐる歴史的事例はヨーロッパ史には、これらの他にもまだ無数にあります。こうしてみれば、**ヨーロッパの思想的伝統では英語にいう〝dissenting traditions〟つまり異議を唱え、簡単には服従しない人々（dissenters）の伝統が大きな潮流をなしている**ことがわかると思います。

以上のようなヨーロッパの思想的伝統は日本と無縁ではありえません。明治時代以降、日本人も西洋近代の思想と初めて出会い、その思想的滋養分を吸収することで欧米諸国と互角に渡り合えるように努力してきた歴史があります。

その中で、日本の思想家たちも服従の問題と取り組んでいるのです。

たとえば、福沢諭吉です。

福沢といえば、『学問のすすめ』が有名ですが、この作品の中で、次のようなことを述べています。

独立心、つまり、自分で自分を支配し、他人に頼らない姿勢が重要だ、と福沢は繰り返し強調します。

独立の気力のない人は、必ず他人に頼るわけです。しかし、依頼心が強いと、他人を恐れこれに媚《こ》び諂《へつら》うようになってしまいます。そうでなければ他人に助けてもらえないからです。

こうして他人に媚び諂ってばかりいると、それが習慣となってしまいます。

江戸時代の平民と全く同じように、目上の人や地位が上の人に会うとただ「腰を屈するのみ」となり、自分から何か意見を述べることなど論外、「立て」と言われれば立ち、「舞え」と言われれば踊りを披露するといった調子です。

このように従順な状態を、福沢は「実に無気無力の鉄面皮」だと厳しく批判しています。

福沢によれば、このように依頼心が強く、独立心のない人ばかりでは、日本という国の独立もおぼつかない、というのです。

福沢が『学問のすすめ』を執筆した当時は、欧米列強が世界各地を植民地として支配していた時代でした。一歩間違えば、日本もそのような運命を辿《たど》らないとは限らない。そんな危機感があったからこそ、福沢は、日本人一人ひとりが独立心を抱くことの重要性を説いたわけです。

さて、**ここで重要なのは、福沢が、当時の日本人一般に見られた従順さを、飼い犬と同様の「無気無力の鉄面皮」だと論評した点です。**独立心を持つ人は、自分の主張を持っており、したがって、理不尽な命令にやすやすと服従するようなことはありません。西洋近代の思想を日本に移植することで、日本を欧米列強と互角に渡り合える独立国にしようと夢見た福沢にとって、江戸時代の平民の態度に見られたような従順さは、克服されなければならない態度だったわけです。

本章では、私たちが、何らかの権威に服従しやすいことを説明しました。服従することが習慣になってしまっている場合や、服従することで安心感を得たいと思ったり、責任を回避しようとしたりするケースがあることを確認しました。

その上で、ヨーロッパの思想的伝統では、服従しないことが一つの大きな潮流をなしていることを指摘しました。

そして、近代日本の出発点においても、福沢諭吉のように、江戸時代までの庶民の卑屈な従順さを脱却し、独立自尊を理想として掲げた思想家がいたことを確認しました。

それでは、なぜ簡単には服従しない態度が望ましいと考えられるのでしょうか。

次章では、従順さにつきまとう問題点をさらに考えてみます。特に、従順さを生み出すイメージがある忠誠心について掘り下げていきます。

第二章　忠誠心は美徳か

忠誠心を持つことは正しいことか

みなさんはなにかに忠誠心を持っていますか？　こういわれるとピンときにくいかもしれませんが、たとえば、プロスポーツのチームや選手、俳優やミュージシャンのファンであることも忠誠心の一形態といえるでしょう。

自分の学校に忠実なら愛校心、会社に対してなら、愛社精神を持つと言えます。

さらに、最近ではある企業の商品やサービスを定期的に購入することで「ロイヤルティ・ポイント」を集めることが一般的ですが、その「ロイヤルティ」はまさに「忠誠心」の英訳です。つまり、その企業の商品やサービスを定期的に購入することは、その企業に忠実だということを意味します。

こんな具合に、私たちは、いろいろな対象に忠誠心を持つのが普通です。

ここで考えたいのは、**忠誠心を持つことは、道徳的に正しいのか、**という問題です。

愛校心や愛社精神を持つことなら、なんとなく望ましいことのように思うかもしれません。しかし、スポーツ選手や俳優のファンであることは、ただ単に好みの問題であって、道徳的に正しいかどうかとは関係がないでしょう。

また、特定の企業の商品を定期的に購入することも、道徳的意味を持つとは言えないでしょう。自分が乗るクルマをトヨタにしようと、ホンダにしようと、好みの問題にすぎません。

しかし、たとえば、武士の時代であれば、侍は主君に忠誠を尽くすことが求められていました。江戸時代では、「主君のために」「お家のために」奉公することこそが武士の生きる道でした。

この場合、忠誠心は道徳的にプラスの符号がつけられるものであったといえそうです。

こうしてみると、忠誠心を持つことは、道徳的に望ましい場合と、道徳的であるかどうかと無関係である場合があるといえます。

このように評価が分かれるのはなぜでしょうか。

それは、**忠誠心の道徳的意義は、忠誠心を抱く対象によって左右されるから**です。

そのことがはっきりするのが、忠誠心の対象が道徳的に望ましくないものである場合です。

たとえば、ナチスに忠誠を誓い、ユダヤ人虐殺に積極的に協力したドイツ人の場合はどうでしょうか。あるいは、「組」に忠実な暴力団員の場合はどうでしょう。

また、それほど極端な例でなくとも、たとえば、自分が勤めている会社が、環境汚染物質を垂れ流しにしていることを知りながら、会社に忠誠心を抱くあまり、その事実をひた隠しに隠す会社員はどうでしょうか。

これらの例から明らかなように、忠誠心の道徳的意義は、忠誠心の対象が道徳的に正しいかどうかに大きく依存します。

こうしてみれば、忠誠心を持つことは、必ずしも無条件に正しいこととはいえない、ということは明らかです。

『日の名残り』の問いかけ

この問題を真正面から取り上げた小説に、日系イギリス人のノーベル文学賞作家、カズオ・イシグロの『日の名残り』があります。

原作の素晴らしさもさることながら、アンソニー・ホプキンスとエマ・トンプソンという現代イギリスを代表する名優が出演して映画化された作品も格調高い名作として知られています。

その主人公であるスティーブンスは、ダーリントン・ホールという屋敷で執事を務めている人物です。スティーブンスは、執事として有能なだけでなく、その屋敷の所有者であるダーリントン卿《きょう》に極めて忠実でした。

さて、このダーリントン卿は、温和な紳士なのですが政治的にナイーブで、ナチスと協調できるという考えの持ち主でした。その上、ナチスに同調するあまり、屋敷で雇っていたユダヤ人の家事手伝いを解雇するよう、スティーブンスに命じます。

家事手伝い頭を務めていたミス・ケントンが反対したにもかかわらず、スティーブンスは忠実に主人の命令に従い、家事手伝いを解雇してしまいます。その際、スティーブンスは、自分の主人には自分の知識や判断の及ばないことが理解できるのだ、という絶対的な信頼感を抱いていました。

第二次世界大戦終了後、ダーリントン・ホールは、ダーリントン卿の死後、アメリカ人のファラディ氏の所有となります。

スティーブンスは、引き続き執事としてファラディ氏に仕えます。屋敷の外で出会う人々から、「ダーリントン・ホールの執事なら、ナチスに協力したことで汚名高きダーリントン卿を知らないか」と問われると、スティーブンスは「自分の主人はアメリカ人のファラディ氏だ」と答え、ダーリントン卿に仕えた過去を隠そうとします。

この時点で、スティーブンスは、かつての主人であるダーリントン卿に対してようやく否定的な評価を下すようになったのです。

この物語は、スティーブンスの忠誠心があまりにも強かったために、忠誠の対象であるダーリントン卿に対して道徳的な評価ができなかったこと、そして、その事実を戦後になって苦い記憶として回想する様を描いています。

ここで注目すべき点は、忠誠心には判断を曇らせる嫌いがあるということです。つまり、**自分が忠誠心を抱く対象が優れていると思い込みがちになってしまう**ということです。

なぜそうなってしまったか、と言えば、スティーブンスの場合、自分がひたすら優れた執事になろうと努力した結果でした。

執事として、主人の言うことを忠実に聞き、主人の期待以上の働きをしようとする努力は、「執事」という役割を果たすという点においては、称賛に値するでしょう。

しかし、人は人生を生きる上で、そのような職業的な役割を果たす存在としてのみ生きるわけではありません。

特に道徳が問題となる場合は、職業や社会的立場、国籍などの違いを超えた人間共通の問題として判断することが必要となります。

ですが、ダーリントン卿に仕えたスティーブンスは、自分自身を「執事」という役割を果たす人間としてしか把握しなかった結果、道徳的であるべき人間という立場に立って、物事を判断することを忘れてしまっていた、と言えます。

このように、忠誠心は過剰になると、忠誠心を抱く対象について良し悪しの判断を避けてしまい、ただひたすら追従してしまう危険があるわけです。

忠誠心による「思考停止」

ところで、忠誠心を抱く対象は人とは限りません。

先ほど、ロイヤルティ・ポイントの例を挙げましたが、この場合、文字通り、その特定の企業の商品やサービスに忠実なわけです。

そのことは、言い換えれば、その他の企業が提供する商品やサービスの良し悪しをはじめから考慮しないことを意味します。

しかし、その結果として、自分にとって最も望ましい商品やサービスを手に入れることができないかもしれないわけで、忠誠心を発揮することは、必ずしも合理的とは言えないことになります。

ですが、その他の選択肢を考慮に入れない、ということには、ある種の「メリット」もあります。それは、他の企業の商品やサービスとの比較検討をしないので、あれこれ考える面倒を省くことができる点です。つまりは思考を停止できるのです。

しかしながら、すでに指摘しましたように、忠誠心を抱くことが正しいかどうかが、その対象の良し悪しに左右されるのであれば、本来、その対象を評価することが必要なはずです。

評価の相手とは、個人とは限りません。学校や企業のような組織かもしれないし、政府や自治体かもしれません。いずれにせよ、**忠誠心を抱く際に、相手が自分にとって重要な価値や信念に合致するかどうかを判断することが必要です。**そして、その判断は自分の頭でしなければなりません。

それとは逆に、忠誠心が強いとどれほど愚かになるか、を活写した小説にジョージ・オーウェル作の『動物農場』があります。

ある農園の動物たちが、アルコール依存症で怠け者の農場主を追放し、理想的な共和国を築こうとします。ところが、リーダーを務めるナポレオンという名前の豚が独裁者になり、専制政治をはじめます。

動物農場の意思決定機関である最高会議はすべて豚が牛耳ることになり、この豚たち

『動物農場』では豚が他の動物を支配している

に愚直なまでに忠実だったのがボクサーという名の年老いた馬でした。

ボクサーは、何かといえば「ナポレオンは常に正しい」というスローガンを口にし、豚たちのために怪我をしても必死に耐えて働きます。豚たちのために働けば働くほど、他の動物たちを奴隷状態に貶《おとし》めて行くのですが、そんなことには、ボクサーは全く気付きません。

過剰労働が祟《たた》って動けなくなったボクサーは、食肉処理場へと売られてゆき、その代金でナポレオンたちはウイスキーを購入するという皮肉な結末となります。

忠誠心があまりに強いために思考を停止してしまうなら、ボクサーのような悲惨な運命を覚悟しなければならないかもしれないのです。

このように過剰な忠誠心には危険が伴いますが、ここでもうひとつ注意すべきことは、人や組織に対してだけでなく、社会通念や常識などについても忠誠心を抱くことができる点です。

つまり、なんらかの社会通念や常識に従うだけでは自分で判断していることにはならないことにも注意する必要があります。

いわゆる常識や社会通念のたぐいもすべて、思考を停止し、行動を自動化するためのものです。

日本社会で言えば、たとえば「目上の人はえらい」ということになっています。相手がどれほどつまらない人間でも、年齢が上だというだけの理由で、相手を不必要なまでに尊重し、いうことを聞かなければならない。逆に、年下の人に対して横柄な態度をとる年長者も少なくありません。

ある意味で、このような人間関係の捉え方というのは、相手の人格や能力についての評価をせずに、相手への態度を決定するという点で、思考を停止し、判断を自動化するので実に愚かしいことと言ってもよいでしょう。

忠誠心は従順であることと同じか

さて、これまで、忠誠を従順であることや服従しがちな精神的態度とほぼ同じ意味であるという前提で話を進めてきました。

しかし、**実は、忠誠心を持つということと従順であるということは同じではありませ**

ん。

忠誠心を抱くからこそ、忠誠を誓う対象に反抗するということもあるのです。

この忠誠心と不服従との間の逆説的な関係について理解するのに、アルバート・ハーシュマンという経済学者が提唱した忠誠心の理論が役立ちます。

ハーシュマンは経済学者であって、倫理学者ではありません。そのため、彼にとって忠誠心の問題とは、道徳的に正しいかどうかではなく、人間は利益を最大化し損失を最小化するという前提をもとに、忠誠心の問題はどのような態度や行動として理解できるか、というものでした。

そこで、忠誠心を理論化するにあたり、衰退しつつある組織、倒産の危機にある企業を想定し、そのような組織や企業で人はどのように忠誠心を示すか、をハーシュマンは論じました。

なぜ衰退しつつある組織を想定する必要があったか、と言えば、それは、うまくいっている組織であれば、メンバーはその組織に満足しているはずです。ならば、組織は安定しており、メンバーは組織を裏切る必要もなく、リーダーたちもメンバーの裏切りを心配する必要はないでしょう。

つまり、うまくいっている組織に関しては、忠誠心の問題は生じようがない、というのがハーシュマン理論の前提です。

たとえば、倒産の危機にある企業を思い浮かべてみましょう。あなたがその企業の社員だとしたら、どのような態度や行動を取るでしょうか。ハーシュマンによれば、一つの選択肢は、その会社を辞めることです。その会社が倒産する前に、経営がうまくいっている別の会社への転職を選ぶのです。

これをハーシュマンは「**離脱**」と呼んでいます。

もう一つの選択肢は、その企業にとどまり、リーダーたちに体質の改善や業績を上げるために意見することです。

あなたが平社員なら、会社の再建案をいくら熱心に訴えても、リーダーたちは聞く耳を持たないかもしれません。ですが、会社が危機的状態にあるのを目の前にして黙ってはいられない、という態度。これをハーシュマンは「**発言**」と呼んでいます。

この「離脱」と「発言」という二つのキーワードを使って、ハーシュマンは忠誠心を説明します。

彼によれば、**忠誠心とは、人に「離脱」という選択をひとまず保留させ、「発言」することを促すものです。**

忠誠心を抱く人とは、自分が属す組織から逃げ出すことをせず、その組織を改善するため努力する人のことを意味する、というのです。

企業がまさに倒産寸前であることが誰の目にも明らかな場合、その「発言」は、企業のリーダーたちにとって耳の痛い内容とならざるをえません。

つまり、「発言」とは、リーダーたちを批判する内容となります。

こうしてみると、衰退しつつある組織において、リーダーたちを批判して「発言」する人こそが、その組織に忠誠心を抱く人だ、という結論になります。

しかし、リーダーたちを批判することは、普通、従順ではないとみなされます。

実際、リーダーたちにしてみれば、批判的な「発言」をする社員は目障《めざわ》りに思うものでしょう。むしろ、黙ってリーダーたちのいう通りに従う社員を忠実だと評価するものです。

ですが、ハーシュマンに言わせれば、リーダーの言うことにひたすら素直に従ったり、沈黙して発言しようとしない人々は忠誠心のない人々だというのです。

なぜこのような食い違いが起きるのでしょうか？

それは、忠誠心の対象が微妙に異なるからです。

ハーシュマンによれば、衰退しつつある企業の社員が「発言」するのは、企業全体の立て直しのためです。

企業が全体として赤字を解消し業績を好転させるために、リーダーたちの指導方針や経営内容を批判するのです。

一方、リーダーたちのいうことを素直に聞き、「発言」しない社員たちは、会社全体を良くしようと考えるのではなく、リーダーたち個人に忠誠心を抱いているのです。

リーダーたちに従うのか、それとも会社全体の利益を優先するのか。

ハーシュマンにとって、**忠誠心とは、組織全体に対して発揮されるべきものであって、組織のトップである指導者だけに発揮されるべきではない、**という点をここで確認しておきましょう。

『論語』による「諫言」の思想

さて、このように「発言」する「忠誠心」という話題は、東アジアの政治思想的な伝統では、「諫言《かんげん》」という概念をめぐって論じられてきました。

たとえば、江戸時代の日本では、主君が不正に権力を行使したと考えられる場合、家臣が主君に忠告してこれを正そうとしたものです。

このような家臣による忠告を「諫言」と言います。文字通り、主君を諫《いさ》める「発言」です。

こうした考え方はもともと古代中国の儒教に起源があります。

儒教の古典的経典といえば『論語』ですが、その中に次のようにあります。

「子路が主君につかえる心得をおたずねした。先生（孔子）はいわれた。「主君をだましてはいけない。そうして主君に逆らっていさめなければいけない」」（憲問篇《へん》）

このように、主君が間違ったことをするならば、その主君につかえる（つまり忠誠を尽くす）には、「主君に逆らっていさめなければならない」というのです。

これは親子関係でも同様です。

再び、『論語』から引用しましょう。

「先生が言われた。「父母のおそばで用事をしていて、誤りを見つけたときには、まず遠回しに諫言申し上げよ。諫めをとりあげられない意向と察したら、つつしんでこれに違背しないようにし、心の中では憂慮していても、怨みをいだいてはならない」」（里仁篇）

父母が誤りを犯したと判断したら、失礼にならないよう注意しながら丁寧に諫言しなさい、というのです。

このように、主君が過ちを犯したら家臣がそれを諫めるのが、家臣の忠誠心というものであり、同様に、親が過ちを犯したら子供がそれを指摘するのが、親に忠実な子供の道だと儒教は教えています。

このように考えるのはなぜか、といえば、それは、主君には主君の果たすべき義務があり、家臣には家臣の果たすべき義務がある。親には親なりに果たすべき義務があり、子供にも子供なりに果たすべき義務がある、という考え方を儒教は採るからです。

『論語』にもこうあります。

「主君は主君らしく、家来は家来らしく、父は父らしく、子は子らしく」（顔淵篇《がんえん》）

こういうわけで、主君がどのようにふるまっても、無条件に家臣は主君の言うことを聞かねばならない、という考え方を儒教は採っていません。

それでは、その諫言を主君や親が聞き入れない場合はどうすべきなのでしょうか。

子が三度諫めても親が聞き入れない場合、子は泣く泣く親に従わなければならない、といいます。

親子関係からなる「家」の秩序を乱してはならないと考えるからです。

しかし、主従関係の場合はこれと異なります。

三度諫めても主君が聞き入れないのなら、その主君のもとから去れ、というのです。

つまり**諫言を聞き入れない主君には、諫言する家臣は服従する義務がない**、というわけです。

これは、ハーシュマンの理論に「翻訳」すれば、主君が「発言」を聞き入れない場合、家臣は「離脱」して構わない、ということで、家臣は主君に対する忠誠心を放棄してよいということを意味します。

『葉隠』のねじれた思想

これが古代中国の儒教に起源を持つ「諫言」思想ですが、これが日本に入ってくるとその意味内容が大きく変化しました。

この点を理解するのに、格好の素材は、江戸時代の思想書として有名な『葉隠』です。

著者山本常朝《やまもとつねとも》は一六五九年に佐賀藩士・山本神右衛門重澄《やまもとしんえもんしげすみ》の末子として生まれ、肥前国佐賀藩当主・鍋島光茂《なべしまみつしげ》に仕えた人物です。

光茂が一七〇〇年に死去した際、剃髪《ていはつ》して出家。隠遁《いんとん》生活を送る中、青年藩士・田代《たしろ》陣基《つらもと》に口述筆記させて成立したのが『葉隠』です。

この書物は、いわゆる「武士道」を論じた書物だといわれますが、この作品が執筆された時代は、関ヶ原の合戦から一世紀以上が経過し、すでに太平の世を迎えていました。侍は戦闘者としての役目を果たすことはなく、平和な時代の「役人」として生きていました。常朝自身も戦場で戦った経験はありませんでした。

戦後日本を代表する作家のひとり、三島由紀夫は『葉隠』に惚《ほ》れ込み、そこに人生論、処世訓を見出して、『葉隠入門』という書物を著しています。

さて、**この『葉隠』の内容の大きな特徴は、主君への絶対無条件的な忠誠を説いている点です。**

つまり、家臣は主君に対してどこまでも忠誠を尽くさなければならない、ということです。

先ほど古代中国の儒教的な「諫言」思想を解説した際、過ちを犯す主君に対して三回諫言しても主君が聞き入れないなら、その家臣は忠誠義務をキャンセルできると説明しました。

『葉隠』の主張はこれと異なります。過ちを犯す主君に繰り返し諫言したにもかかわらず主君がそれを聞き入れなくても、家臣は主君に対して忠実であり続けなければならない、というのです。

これは、主君が主君の道からどれだけ外れていても、家臣は家臣としての道に忠実でなければならない、ということを意味します。

ここから『葉隠』の論理は、さらに興味深い展開を示します。

主君がたとえ暴君であっても、家臣は家臣としての忠誠義務を全うしなければならない、というにとどまらず、無理難題を言う主君に仕えなければ、家臣は自分の忠誠心の深さが試されることにならない、というのです。

つまり、家臣の立場からすれば、主君がひどいリーダーであればあるほど、自分が忠誠心を持つことを実証するために諫言するチャンスが増えるのです。

だいたい、主君が名君であれば、賢明な判断をするでしょうから、いちいち諫言する必要はそれほどないはずです。諫言する必要があまりないとなれば、家臣の立場とすれば、忠誠心を実証する機会が少なくなってしまいます。

そこで、主君がとんでもなく愚劣であったり、ひどく無能だったり、あるいは暴虐非道で家臣にやたらと切腹を申しつけたりするようであれば、家臣は諫言する機会に事欠かないわけで、かえって望ましい、という奇妙キテレツな結論になります。

なぜこんな結論にたどり着くかといえば、ひとつには、家臣にとって忠誠の対象が主君個人であって、主君や家臣そして一般庶民を含むすべての人々にとっての全体の利益ではないからです。

ハーシュマンの理論を紹介した際に、リーダー個人に忠実なのか、それとも組織全体の利益を優先するのか、を問題にしました。ハーシュマンの理論によれば、忠誠心とは、リーダー個人に対して忠実なことではなく、組織全体の利益を尊重することだったはずです。

これとは対照的に、『葉隠』はあくまでもリーダー個人への忠誠を問題とします。

「しかし、古代中国の儒教の場合も、リーダー個人への忠誠を問題にしていたではないか」

こういう反論があるでしょう。

確かに、古代儒教の場合、『葉隠』と異なり、三回諫めても主君が聞き入れなければ家臣はその主君のもとを去ってよい、という結論でした。

ただし、これは、主君には主君なりに家臣に対して義務を負っている、という考えがあるからです。

一方、『葉隠』が想定する主君は、家臣に対して何の責任も負っていません。

その結果、家臣には無限に忠誠心を示す義務が生じるわけです。

『葉隠』の論理をハーシュマン理論に「翻訳」すれば、家臣には「発言」することが求められるが、「離脱」の機会はない、ということになります。

しかし、ここでひとつ注意すべき点があります。

家臣は暗愚な主君や暴虐な主君に「発言」(＝諫言)することで忠誠心を示そうと無限に努力すべきだと『葉隠』は主張するのですが、家臣が「発言」する目的とは、主君がより優れた判断や行動を取るようにすることではないのです。

『葉隠』によれば、家臣が諫言をするのは、主君が暗愚だったり暴虐非道だったりするのが天下に明らかにならないよう隠すためなのです。

主君がダメなリーダーだという悪評が世間でたたないように、諫言は陰でコソコソ行うべきだというのです。

これは悪い主君をよりよい主君にしようとする意図はなく、もはや手に負えないから、責任を取らせて退位を迫る、というような姿勢とは対照的です。

むしろ権力が腐敗し堕落していくのをひたすら隠し通そうとする論理に他なりません。日本の政治思想的な伝統にはこのような考え方が根強くあることをみなさんは知っておくべきです。

日本人に根付く間違った忠誠

私たちは『葉隠』のような態度には批判的に対峙《たいじ》する姿勢を学ぶ必要があります。なぜなら、ハーシュマンの忠誠理論と異なり、『葉隠』の忠誠観は悪質なリーダーによる支配を忠誠心の名の下に温存することを促すからです。

「だけど、『葉隠』の思想なんて江戸時代のものじゃないか、いまの日本人のものの考え方と関係があるわけがない」とみなさんはお考えになるかもしれません。

しかし、『葉隠』を素材とする人生論や処世訓に関する書物は三島由紀夫のものをはじめとして現代日本で広く出回っています。

また、『葉隠』そのものやその解説書を読んだことはなくても、そのようなものの考え方は、日本人の間で脈々と受け継がれているのです。

それが証拠に、俗に「トカゲの尻尾切り」と言われる現象が続発しているではありませんか。

どんな不正や汚職があっても、その現場で命令されるままに働いていた人々が責任を取り、それらの人々を監督する地位にある最高責任者の責任が問われることがないような事態です。

現場で働く人々が、上司に責任追及が及ぶのを防ぐために、すべての責任を被《かぶ》ることで事態の収拾を図るのです。

このような『葉隠』的な「忠誠」は、ハーシュマンに見られるような西洋的な理解と比べると、正反対といっていいほど対照的です。

ちなみに、「諫言」という言葉は、現代日本でも政治や経済の世界でしばしば語られています。

以上説明してきました内容を踏まえて、「諫言」という言葉が何を意味しているのか、正確に理解する必要があるでしょう。本来、諫言はリーダーの誤りを諫める忠告を意味し、過ちを改めないなら、リーダーへの忠誠義務は消滅することも含意しました。ところが日本ではリーダー個人への忠誠義務が強調された結果、諫言はリーダーの過ちを糊《こ》塗《と》する行為を意味することもあるのです。忠誠心や忠実であることについて考える際、日本人であるがために陥りやすい落とし穴があるということをよく認識しておくべきです。

本章では、忠誠心を持つことが必ずしも正しいとは限らないことを検証しました。また、忠誠心を持つことは一般に、従順であることと同じであると考えられがちですが、それが間違いであることも、ハーシュマンの理論を下敷きにして論じました。むしろ、リーダーや組織に苦言を呈すること、つまり従順でないことが忠誠心の表れであると言える、ということです。

次章では、従順さを、目の前の現実に対する妥協的な態度であるという点から、その問題点を探りたいと思います。

第三章　本当に「しかたがない」のか

ほうっておけない課題はたくさんある

いま世界には深刻な問題がいろいろとあります。

その一つ目は、環境問題です。世界の海はプラスティックごみで溢《あふ》れ、異常気象による大規模な自然災害が、日本に限らず世界各地で頻繁に生じています。

もともと人間が生み出した様々なテクノロジーは、人間を自然の脅威から守るために必要不可欠なものでした。しかし、そのテクノロジーが高度に発展し、世界中で用いられた結果、テクノロジーを用いる人間が自然を破壊しつつあるという逆転現象が起きています。

世界共通の深刻な問題の二つ目は、富裕層と貧困層の二極分化です。日本に限らず世界各国で、裕福な人はますます裕福になり、貧しい人はいよいよ貧しくなりつつあります。裕福な人々は「億」どころか「兆」の桁の資産を持っている一方、日々の糧に困っている人々も少なくありません。これはどう見ても不公平という他はないでしょう。

そして、問題の三つ目は、自由の危機です。ハンガリーやポーランドのような国々では言論の自由や学問の自由が次第に抑圧されつつあります。また、中国政府の監視が強まる香港では自由と民主主義を守ろうとする抗議運動は粉砕されつつあります。また、テクノロジーの高度な発展は、公の場所でもインターネット上でも人々を容易かつ大規模に監視できるようになりました。

これらの他にも世界にはグローバルな規模で問題が山積しています。女性に対する性暴力、また黒人やアジア人に対する人種主義的な差別や暴力などもあります。

どれも一朝一夕には解決できない問題です。

これらの問題に、あなたはどのように考え、行動していますか。

ひょっとすると、こうした現状について黙って傍観しているだけではありませんか。

「自分にどうにかしろと言われたって困る……」といって何もしないでいるのかもしれ

ません。

あるいは、「自分の周囲の人々もそんな問題に積極的に関わっていないから、自分も特に何もしていない」という方もおられるかもしれません。

このように現状を黙認する態度も、基本的には従順であることに変わりません。自分を取り巻く現実が問題をはらんでいることを理解していながら、その現実と妥協してしまっているからです。

本章では、私たちを取り巻く現実への態度としての従順さを考えてみたいと思います。

消極的不正とは何か

環境問題や人種差別問題などでは、あまりにもスケールが大きすぎるかもしれないので、もう少しスケールの小さい問題を例にとってみましょう。

二〇一七年四月九日のことです。

ベトナム系アメリカ人の医師デイビッド・ダオという男性が、シカゴ・オヘア国際空港でユナイテッド航空の飛行機に搭乗していました。

この飛行機には、翌日のフライトのために航空会社の職員四人を乗せる必要が生じたため、乗客四人を別便に振り替えることになりました。航空会社は、飛行機を降りてもらう乗客をアットランダムに決定し、その四人のうちの一人がデイビッド・ダオでした。

しかし、ダオは翌朝に患者を診療しなければならなかったため、どうしてもその日のうちに帰宅する必要があるとして、飛行機から降りることを承諾しませんでした。

その結果、航空会社の職員は、警備員に依頼しダオを強制的に降ろすことにしました。

警備員はダオの頭を肘掛けに叩《たた》きつけたりしたため、ダオは頭蓋骨と鼻を骨折し、二本の歯が折れ、意識を失いました。こうしてダオは無意識のまま飛行機から引きずり降ろされたのです。

この顚末《てんまつ》は、他の乗客がビデオに撮影しSNSで公開した結果、航空会社による乗客のひどい扱いが大問題となりました。

航空会社にどんな事情があったにせよ、料金を支払って搭乗している乗客を無理やり暴力的に引きずり降ろすというのは、どう考えても許されるべきことではありません。

そのため、SNSをみて世界中の人々がユナイテッド航空に対して怒りの声を上げたわけです。

しかし、そのビデオに映っていたのは、警備員に暴力を振るわれるダオの姿だけではありませんでした。

居合わせた数多くの乗客たちが、血まみれのダオが引きずり出されるのを黙って見届けていたことがそこには記録されていました。

誰一人として警備員が暴力を振るうのを制止しようとはしなかったのです。

声を上げる人すらほとんどいなかったのが実情でした。

このような事件が目の前で起こっているのに、なぜ他の乗客たちは何もしなかったのでしょうか。

古代ローマの哲学者キケロは、『義務論』という著作の中で、不正には二つの種類があると論じています。

ひとつは、積極的不正です。

これはある個人が人々になんらかの危害を加えることです。

もうひとつは、**消極的不正**です。

これは、ある個人が危害を加えられている際に、その人を守ったり救ったりすることができるにもかかわらず、そうしないことです。

不正が進行しているのを知りながら、その不正に対して反対の声を上げたり、責任を追及したりしないのであれば、その不正に自分も間接的に加担していることを意味します。

つまり、**不正を目にしていながら、黙っていることは共犯なのです**。

なぜなら、黙っていることは同意していることとみなされるからです。

ダオのそばに座っていたユナイテッド航空の乗客たちは、この消極的不正を行った、と言えます。

しかし、これほどひどい事件でなくとも、私たちの生活では、「見て見ぬ振りをする」ことは日常茶飯事です。一般に、できることなら面倒なことには関わりたくない、余計なことはしたくない、と思うものです。

ですが、不正が行われていることを知りながら、これを見過ごすのは、自ら不正を行うのと大差がないのだとしたら、果たして「見て見ぬ振り」でいいのでしょうか？

一九世紀イギリスの思想家ジョン・スチュアート・ミルは、ある演説で述べています。

「悪人が自分の企《たくら》みを実現するためには、善人が傍観して何もしないこと以外、何も必要としない」

また、二〇世紀アメリカでアフリカ系アメリカ人公民権運動をリードした牧師にマーティン・ルーサー・キングという人がいます。〝I Have a Dream〟という台詞《せりふ》で有名なキング牧師の演説を聞いたことがあるでしょう。彼もこう述べています。

「この社会変動の時代における最大の悲劇とは、悪い人々の騒々しい叫び声ではなく、善い人たちのひどい沈黙なのです」

要するに、不正が行われていることを知っている「善人」たちが黙認するだけで、不正は堂々とまかり通ることになってしまうのです。その限りでは、黙っている「善人」たちも「悪人」たちに間接的に手を貸していることになります。

不正に目をつぶりがちな理由

ミルもキング牧師も、不正を不正だと分かっている「善人」がなぜ声を上げないのか、問いただしていますが、そもそも、**なぜ私たちは不正を「見て見ぬ振りをする」のでしょうか？**

アメリカの心理学者キャサリン・サンダーソンによれば、理由はいくつかあります。

そのひとつは、**誰か別の人が、その不正を取り締まってくれるだろう、と考えるからです。**

不正が行われている、まさにその現場に多くの人々が実際にいるのに、誰も何もしようとしない。

こうした事態を、心理学では「責任の拡散」という現象として説明します。

「責任の拡散」とは、その場に居合わせる人が多ければ多いほど、不正による被害を被っている人が援助を受ける確率が低くなることを意味します。

その場にたくさんの人がいるのであれば、誰かが援助の手を差し伸べてもよさそうなものですが、実際には、ほとんどの人が「誰か他の人が助けるだろう」と傍観を決め込んでしまう、というのです。

理由の二つ目は、**目撃している不正が、果たして不正かどうかはっきりしない場合も少なくないからです。**

映画でなんらかの悪事が進行している状況を描く場合、それが悪事であることを観客がはっきりと分かるように画面の作り方や音楽などを用いて演出されています。

しかし、私たちが経験する現実は、通常、もっと曖昧なものです。

いまここで目撃する事態が、何者かによって不正が行われた結果であるかどうか、はっきりとは判断できないことは意外と多いものです。

「何かおかしいな」と思ったとしても、私たちがすぐさま取る行動は、他の人々の反応を見ることです。

そして、周囲の人々が特に何の行動も取らないのを確認すると、「たいしたことではないな」と安心してしまいがちだ、というわけです。

不正を見逃す理由の三つ目は、**不正に対して抵抗することで、自分自身が被る損害が**

大きいと考えるからです。

これは、実際に誰かが猟銃や機関銃で人々を殺傷しているような状況を考えれば、わかりやすいでしょう。

最近、日本でも諸外国でも無差別殺傷事件が目立ちますが、誰かが被害にあっていても、犯人が目の前にいる限り、自分が撃たれることを恐れるために、被害者を助けることができないような場合です。

しかも、このように自分の生命が危険にさらされていなくても、自分のリスクになるようなことはしたくないと、人は考えるものです。

たとえば、組織ぐるみの不正を、その組織のメンバーが公に暴露しようと思っても、自分自身がその組織から仕返しをされるリスクを恐れるために、行動に移せないようなこともよくあることです。

理由の四つ目は、**集団的な圧力を感じるためです。**これを大勢迎合主義《コンフォーミズム》と言いますが、これは日本では特に顕著に見られるものでしょう。「空気」や「同調圧力」の結果、不正を不正として指摘しにくくなってしまうことがあります。

しかも、集団の中に埋没することには、心理学では、ぬくぬくとした気持ち良さがあることが指摘されています。第一章でも触れましたが、多数派に同調していれば、安心感が得られます。その安心感に誘惑されて多数派と同じ行動を取るのです。

サンダーソンによれば、以上のような理由から、私たちは、不正を目の前にして、声をあげようとすらしない傾向があるのです。

秩序が保たれていることは不正がないことを意味しない

サンダーソンの見解に付け加えて言えば、私たちが目撃する不正な状態とは、必ずしも秩序が破壊された状態とは限らない、という点も重要だと思います。

むしろ、**不正な状態は平和や秩序と両立するものなのです。**

不正が行われているとは知りつつも、私たちは、自分にとって安全で平和な状態が失われなければ、その方が望ましいと考えがちです。

不正な状態に抵抗するのと、自分の安全や秩序を維持するのとでは、前者のほうが、リスクが大きすぎるからです。

実際、先ほど紹介したユナイテッド航空の事件でも、警備員によって暴力を振るわれ飛行機から引きずり出されたのは、デイビッド・ダオ一人だけでした。

その便で目的地へ飛ぶことができた、そのほかの乗客一人ひとりにとっては、とりあえず自分がその便で飛ぶことができる限りにおいては、何の問題もなかったわけです。

その意味では、ある人に生じている不正な状態とは、それが自分にも危害が及ばない限り、私たちは直ちに問題視しない傾向があるのです。

「とりあえず自分に危害が及んでこなければ、それでよい」とする消極的不正には、実際に危害を受けている人に対する共感《エンパシー》が決定的に欠落しています。

自分がダオの立場にあったらどのように感じるだろうか、そのような理不尽な取り扱いに憤らないだろうか、という被害者の立場に立つ意識がないのです。

このように、自分自身に危害が及んでこない状態、つまり自分自身にとって秩序と平和が守られているとしても、それは不正が行われていないことの証拠とはなりません。

ダオの場合は、たった一人に対して暴力的な不正が行われたケースですが、社会の一部の人々に対して日常的に不正が行われるということは、残念ながら極めて一般的です。

たとえば、女性差別が当たり前のように通用している社会では、女性に対する差別は秩序の一部として日常的に行われることになります。そのような秩序を維持するよう主張することは、まさに不正に加担することに他なりませんが、第一章で指摘しましたように、ある秩序が「習慣」となってしまうと、その秩序に従うことが果たして正しいことかどうかを疑わなくなってしまうものです。

しかも、既存の秩序を当たり前としか考えられない人々にとっては、その秩序が不正であると抗議する人々が「秩序を乱すハタ迷惑な存在」にさえ見えてしまうのです。

これと同様のことは、法律についても言えます。法律自体が不正であると考えられるケースもすくなくありません。

法律や規則は社会や集団を運営して行くために暫定的に作られたルールにすぎません。秩序とは、その暫定的なルールに人々が従う結果、生じているだけです。法律や規則に違反しないからといって、公正さや正義が成就《じょうじゅ》しているとは必ずしもいえません。なぜなら、法律が悪法なら、法律を人々が守ることが道徳的には間違いになり、その結果、生じる秩序は不正なものになってしまいます。

このことは、アイヒマンの例を見れば明らかです。上官からの命令に従うことは、ルールを守ることに他なりませんが、**ルールを守ることでかえって道徳的にはとてつもない悪を犯すことがあるのです。**

逆に、法律や規則などのルールを破ることでかえって道徳的に正しいことをなす場合が少なくありません。この論点については、第五章で具体例を交えて説明します。

消極的不正についての説明を終えるにあたって、一つ付け加えておきたいことがあります。

二〇二〇年の新型コロナ・ウイルス危機の時もそうでしたが、日本社会では、自警団を組織し、ルール違反者を警察などに頼らず、ボランティアが取り締まる傾向がしばしば見られます。

それは、不正を見逃すまいとする意思の反映であって、その限りでは消極的不正とは正反対です。

一見すると、こうした運動は望ましいもののように見えます。

しかし、自警団による取り締まりには大きな問題点がひとつあります。

それは、自警団を組織する人々は、自らが公権力であるかのように振る舞う点です。そうした運動は、公権力のポリシー自体は正しく望ましいものだという暗黙の前提に立っています。そのため、自警団は公権力自体がルールに違反していても、それを批判することはありません。

しかし、**本来、市民としての私たちが、不正を犯しうる主体として最も警戒しなければならないのは、公権力である政府です。**

なぜなら、政府こそが強制力をもって私たちの行動を束縛する権限を持っているからです。

公権力には、法律を盾に有無を言わさず、税金を徴収したり、私たちを刑務所に閉じ込めたりすることができます。

公権力の象徴的存在が警察です。私人である私たちが人に暴力を振るえば取り締まりの対象となりますが、警察官が警棒を振り回してもそれは職務を遂行していることとして問題になりません。

公権力は、このように強制力を正当に行使する権限があるのです。

逆に言えば、その強制力が合法的に行使されているかどうかを、私たちがチェックする必要がありますし、さらにその強制力の行使の仕方が道徳的にも許されるようなものなのかどうか、市民が判断する必要があります。

なぜなら、公権力には一般市民が持たない強制力があるために、その権力が間違った目的に使われるなら、私たちに不正を行うように駆り立てることが可能だからです。

公権力はその意味で極めて危険なものだ、ということを常に念頭におく必要があります。

ところが、自警団に参加する人々は、そもそも権力者の政策が望ましいものなのかどうかをチェックしないのです。

もし公権力が不正をなしているのであれば、自警団の人々は、その不正に進んで加担してしまうことになります。

ここが、自警団の活動が陥りがちな落とし穴であることを確認しておきましょう。

不正と不運の違い

二〇一六年、『この世界の片隅に』というアニメ映画が大ヒットしました。軍港だった呉《くれ》を舞台に、主人公浦野すずの目を通して、戦争経験を描いた作品です。私は、この映画にひとつ大きな違和感を覚えました。

それは、米軍による空襲などを主人公が諦めて見つめる姿を通じて、戦争をあたかも自然災害のように描いていることでした。

もちろん、空から無数に降ってくる爆弾に対してなす術《すべ》がないことは当たり前のことです。

ですが、戦争は地震や台風のようになんとなく発生するものではありません。爆弾を落とす兵士がいれば、その背後に命令を下す軍人がおり、その戦争を指揮する政治家がいます。そして、爆弾を落とされている国の政治家や軍人も戦争に関わっているのです。

その意味では、空襲は、敵国と敵軍が実際に行うことであり、また自国政府と軍部がそのような事態を招いた結果でもあります。

自然災害が、人間の力が及ばない事柄であるのと対照的です。

自然災害のように、人間がコントロールできない事柄によって、人間に危害が加えられる事態を「不運（misfortune）」と言います。

これに対し、特定の人間が自由意思に基づいて決断した結果、人々に危害を加えるような事態を「不正（injustice）」と言います。

アメリカの政治哲学者ジュディス・シュクラーが強調したことですが、**不運が人間に責任を問えないものであるのに対し、不正は誰かが責任を負うようなものである点で決定的に異なる**ことに注意してください。

自然災害に見舞われるのはどうにもコントロールできないことですから、不運であるとみなされます。

被害に遭ったら、その事実をそっくり受け入れて、今後をどうするかを考える他はありません。

しかし、不正がもたらす災難の場合、その背後には悪い意図を持つ人々や、無能だったり怠慢な人々がいます。彼らがもたらす被害は人災であって天災ではありません。

したがって、不正がもたらす被害には、その責任を負わねばならない人々がいる以上、我々はただ単に諦めてしまうのではなく、これに憤りを感じ、不正を行った人々の責任を追及すべきです。

なお、現在、自然災害も巨大な自然現象だから我々の手に負えないとしてただ諦めてしまうわけにはいきません。

なぜなら、昨今の異常気象や環境破壊が人間の経済活動と深い因果関係があることが明らかであり、これは私たち人間すべてに責任があるからです。

地球温暖化とそれに伴う異常気象の原因は、化石燃料を消費することでいわゆる温室効果ガスが大量に排出されることにあります。

また、プラスティックごみが世界中の海を汚染するだけでなく、そこに住む生物にも甚大な被害を与えていることが知られています。

これらはいずれも人間がグローバルに展開する大規模な経済活動の結果です。つまり人間が責任を負うべき事柄に属します。

現代では、自然災害といえども、その被害の中には不正に起因するものもあることに注意を要します。

本当に「しかたがない」のか

ところで、日本人の口から二言目には聞かれる言葉に「しかたがない」「しょうがない」という表現があります。

なんらかの困難な事態に直面する際、粛々と諦めをもってその状況を受け入れる時に口にする慣用句です。

地震や台風、津波などの被害に遭って途方にくれた挙句、「しかたがない」という一言を漏らすのは当然のことでしょう。

被害の事実を受け入れて、そこからどのように再び日常の生活を取り戻してゆくか、考え行動を起こす他に方策はないからです。

東日本大震災に際して、被災者たちの間で略奪などが起こらず、秩序を守って黙々と働く姿は、世界中から称賛されましたが、それは「しかたがない」現実を受け入れてじっと耐えるところに日本人の優れた徳性を外国人たちが見出したからでした。

しかし、どんな美徳も、悪徳と裏腹の関係にあります。

「しかたがない」という姿勢は、不運に見舞われたとき、美徳として力を発揮します。ところが、不正の被害にあった際に、「しかたがない」という姿勢に終始するなら、不正の原因である人々の責任を追及することなく放置することになります。

会社内の不正も、政界の腐敗も、不正としてその責任を追及するのではなく、あたかも自然災害の被害にあったかのように不運として受け止め、これをしかたがない、と諦めてしまうのは、不正を黙認するに等しく、消極的不正を犯していることになってしまいます。

このように、「しかたがない」という一言には、日本人が、不正をあたかも不運であるかのように理解する傾向が表現されています。「しかたがない」と言って現実をあきらめて耐えようとする日本人は、同時に消極的不正を犯しやすい傾向をもつというわけです。

そこでみなさんが気をつけるべきことは次の二点です。

災難に見舞われた際、「これは不運なのか、それとも不正なのか」を問うこと。

すぐに「しかたがない」と言って諦めてしまわないこと。

この二点を念頭に置いておくことはいくら強調しても強調しすぎることはありません。「しかたがない」ので、すでに出来上がっている社会のルールや秩序に従って生きてゆくより他はない、と考えるなら、その行き着く先は、とんでもない不正となるかもしれません。

そのことを二〇世紀ドイツの哲学者ギュンター・アンダースは次のように説明しています。

アイヒマンは中間管理職として、上からの命令を受け取り、それを自分より下の人々に命令する立場にありました。

上からの命令が実行に移されれば、どのような結果となるのか、アイヒマンにはわかっていました。わかっていながら、ただ粛々と命じられたことを実行に移すよう、指示していました。

つまりアイヒマンが組織の「歯車」として自動運動し続けたのが、「悪の凡庸さ」の実態だったわけです。

しかし、上からの指示を下の人が実行するという上下関係は、別にナチス・ドイツに限らず、学校や企業など、どのような組織にも共通する特徴です。

その意味では、アイヒマンの置かれていた立場は組織の中で生きる場合と全く変わりがありません。

したがって、上からの命令を受け取る時、自分がそれを実行に移せば、どのような結果を招くのか、そして、その結果の道徳的意味とは何なのか。このことを考えるのが重要だということです。

組織の中に生きる上で、私たちも、上からの指示を、それが最終的にどのような結果をもたらすのかを考えもしないで、ひたすら実行するなら、アイヒマンと同じ過ちを犯すことになります。

「しかたがない」とあきらめず、目の前で進行している災難が不運ではなく不正であると判断するなら、「こんな不正が堂々とまかり通っていいはずがない」と怒《おこ》るのが自然なはずです。

怒ることのすすめ

しかし、現代日本社会では、怒ることはあまり好ましいことと思われていません。

それが証拠に、書店には「アンガー・マネジメント」つまり、怒りの感情をコントロールすることについての書物がずらりと並んでいるではありませんか。

実際、すでに社会人になっている読者であれば、仕事場でついイライラしてしまう自分に気づき、嫌な気分になることが少なくないでしょう。

イライラするとストレスがたまり、カッとなって言わなくてもいいことをつい口に出してしまうものです。

怒りの感情をうまくコントロールしないと職場での人間関係がうまくいかなくなり、自分自身もくたびれ果ててしまうでしょう。

ですから「アンガー・マネジメント」が重宝がられるのは理解できます。

しかし、それでは、結局のところ、怒らないようになればよいのでしょうか。

ことはそれほど単純ではありません。

「アンガー・マネジメント」の指南書を見ても、「怒り」はもっぱら抑えれば良いというものではないと注意してあります。

なぜかといえば、ひとつには、怒ることでかえって奮起して自分をより良くするきっかけとなることもあるからです。

二〇一四年にノーベル物理学賞を受賞した中村修二さんやプロ野球のイチロー選手は、「怒り」が原動力となって大きな仕事を成し遂げることができたことを証言しています。

このように「怒り」を自分の目的達成のために活かすことは可能ですし、また必要なことです。

ただし、この場合の「怒り」とは、自分自身に関することで怒っていることに注意してください。

自分が、望む通りの結果を出せなくて自分を情けなく思って怒ったり、他人からバカにされて「何クソ、バカにされてたまるか」と怒ったりすることで奮い立つ場合もあるでしょう。

いずれも自分自身の自尊心が傷ついて怒っているケースです。

しかし、私たちは、自分自身に関することだけでなく、他人の成したひどい仕打ちに対して怒ることもあります。

「アンガー・マネジメント」が対象としているのは、自分の周囲にいる同僚や顧客、友人などとの関係において、相手に対して腹立たしく思う場合がほとんどです。

私たちにとって身近な、顔の見える人々との関係において「怒り」をコントロールすることで健全な人間関係を実現しようというわけです。

さて、以上のようなケースの他に、私たちが怒る対象としては、何があるでしょうか？

二一世紀に入ってから、海外のニュースとして大規模なデモが報じられることが多くなりました。

最近では、香港の民主勢力に対する中国政府からの締め付けが厳しくなり、デモ隊と警察が衝突することもしばしばでした。

また、ミャンマーでは軍部によるクーデターが起こり、民主主義を求める一般市民たちが軍隊を相手に抗議デモを繰り返し、軍隊の暴力によって多くの人々が犠牲になっています。

さらにアメリカの人種差別に端を発するブラック・ライブズ・マター運動は、全世界的な広がりを見せています。

日本でも、二〇一一年三月一一日の東日本大震災の影響で、福島原発で事故が発生したことを受けて反原発デモが全国各地で行われましたし、二〇一五年以来、沖縄県普天間に所在する米軍基地を辺野古に移転することに反対するデモが行われてきました。

しかし、日本のデモは、国会をおよそ二〇万人が取り囲んだ反原発デモを例外として、それほど規模の大きいものではありません。

香港での二〇一九年の民主化を要求するデモは参加者が二〇〇万人にも及んだといいますから、日本の反政府抗議デモは随分小さなものと言わざるを得ません。

つまり、**日本人は、政治社会に関する問題についてはあまり怒っていないのです。**もっと政治や経済、社会一般の動向について、私たちは怒るべきなのではないでしょうか。

政治に対する価値判断の必要性

香港やミャンマー、あるいはアメリカの人々に比べて、日本人が現実の政治についてあまり怒らない現状をどう評価すべきでしょうか？

社団法人日本アンガーマネジメント協会代表理事の安藤俊介氏は、怒りの感情を左右するのは各人が物事を判断する際に用いる価値基準だと説明しています。

たとえば、交通渋滞している際に、自分の車の前に割り込んでくる車があるとしましょう。

割り込みという出来事への反応の一つは、「ズルしやがって、なんとしても割り込ませないぞ」と怒りの感情に駆られ、自分と前の車の車間距離を詰めることです。

しかし、その一方で、割り込もうとする車にすんなり譲って、前の車との車間距離を開けるという反応もあるでしょう。

ここでのポイントは、怒りの感情は、ある出来事に遭遇した際、それに対して価値判断をすることでその出来事の意味を解釈した結果、生じるものだということです。

割り込みという一つの事実に対して、これを「ズルだ」と解釈すれば、これに対して怒りの感情が生じますが、それとは反対に、「何か急いでいるのかな」と相手を思いやる解釈をするなら、相手に譲ることはあっても怒りの感情は生じません。

一つの事実を解釈し、その解釈が感情的反応として表れるので、その解釈に必要な価値判断基準こそが怒りなどの感情を左右することになります。

こう考えると、日本の政治状況について、日本人があまり怒らないということは、日本人の政治に関する価値判断基準と関係があることが理解できます。

政治に関して、そもそも関心がない場合は価値判断をすることはないでしょう。関心がないことは「どうでもよいこと」なので怒るはずはありません。

また、政治に関心があっても、政府を信用しているなら怒ることはありません。

さらに、政治に関心があるだけでなく、政府に批判的だとしても、「自分一人が何を言っても大勢に影響があるわけではない」とあきらめてしまっているなら怒ることはありません。

もちろん、日本の政治をどう評価するかは、十人十色で構いません。

しかし、日本人の多くが、理由がなんであれ、政治に関して怒らないという一般的風潮を、怒りの感情をよくコントロールできていて望ましいというふうに考えるべきではないと思います。

古代ギリシャの哲学者アリストテレスは、適切な対象に関して、適切な時に怒りの感情を持つことは称賛に値することだと論じています。

逆に、**怒るべき事柄について怒らないのは、性格の面で、深刻な欠陥がある**と指摘しています。

政治はすべての人々が関わる公共的な問題である点で極めて重要です。

政治においてなんらかの不正が行われていると考えるのであれば、これに対して適切な仕方で怒りの感情を表すことこそが「称賛に値する」のです。

先ほども説明しましたが、公権力が行うことを無条件に信用するのは極めて危険です。

権力には強制力があり、有無を言わさず人々を服従させることができます。

強制力があるから、権力が不正に手を染めるとどれだけ悪事を働くかわかりません。

私たちも無理やりその悪事に加担させられることがありえます。

ですから、政治権力には常に批判のまなざしを注ぐ必要があります。

その意味で、特に政府が行う仕事の内容に不正があれば、怒るのが当たり前なのです。「国のすることに逆らったり怒ったりするなんて許されない」とか、「大人のすることではない」などというのは、逆立ちしたものの考え方です。

日本人の多くが、政治について怒るべきときに怒らないのは、アリストテレスの言い方をまねれば、その人たちの性格に深刻な欠陥があるのです。

消極的不正を自分が犯さないためには、「しかたがない」とあきらめずに、不正について怒りを表明することがどうしても必要です。

第四章　私たちは何に従うべきか

何に服従するかという問題

前章までは、従順であることや服従することにどのような問題点があるかを多角的に検討しました。

では、従順であることや服従することを拒否するとすれば、その根拠にはどのようなものが考えられるでしょうか。

もちろん、個別ケースに応じて服従を拒絶する理由には無限にいろいろなものが考えられます。

しかし、その理由を煎じ詰めてゆけば、おおよそのところ、次の三つのタイプに大別できると思います。

1　神の命令に従うから
2　自分の良心の声に従うから
3　「共通善」に従うから

3に「共通善」という見慣れない用語が出てきますが、これについてはこの後で説明しますので、あまり気にしないでください。

これら三つの理由をみて、何かひとつお気づきになりませんか。

そうです。どの理由も、何かに「従う」点で共通しているということです。

つまり、上司に服従しない、とか、大多数の人々に同調しない、とはいっても、全く何にも服従しないわけではありません。

服従と不服従の問題とは、服従するかしないか、という問題なのではなくて、究極的には何に服従すべきか、という問題だ、ということです。

上司や不特定多数の人々の代わりに、神の声や、自分の良心の声、あるいは「共通善」という政治的理想に従うのです。

もうひとつ重要なことは、神にせよ、良心にせよ、「共通善」にせよ、いずれも生身の人間としての他人ではありません。

こうしてみるとはっきりするのは、**私たちが簡単に服従してはならない対象とは、自分以外の人間であり、その人間たちが勝手に決めた事柄（社会慣習やルール、法律）だ、**ということです。

これが、本章で言いたいことのエッセンスなのですが、やや抽象的に過ぎるかもしれません。

そこで三つの理由を具体的に説明しましょう。

神の命令に従う

神の法や掟《おきて》に従うべきだという姿勢は、ヨーロッパ思想の伝統に一貫して流れるものです。

本書でもすでにそのような事例について説明しました。

たとえば、ギリシャ悲劇の『アンティゴネー』では、アンティゴネーが国王クレオーンの命令に背き、兄の亡骸を適切に葬ろうとしました。その際、アンティゴネーは、国王の命令という人間の法ではなく、神の法としての宗教的掟に従ったことは、すでにご承知のとおりです。

キリスト教の伝統では、「人間に従うよりも、神に従え」という主張が極めて明確です。

たとえば、新約聖書の使徒言行録第五章では、キリストの死後、使徒たちが聖霊を受けて多くの病んだ人たちを癒したことが紹介されています。

使徒のめざましい働きを聞いた大祭司やその仲間のサドカイ派の人たちは、使徒たちに嫉妬しました。その結果、自分たちが権力の地位にあることを悪用して使徒たちを逮捕・投獄してしまうのです。

ところが、神の天使が牢《ろう》の戸を開けて使徒たちを解放します。

天使がそうしたのは、使徒たちをただ逃すためではなく、使徒にキリストの福音を民衆に伝えさせるためだったのです。

そうして使徒たちはまた民衆に教えを説き始めますが、そうすれば大祭司たちにすぐ見つかってしまうのは当然のことでした。

再び逮捕された使徒たちに向かって、大祭司は言います。キリストの教えを広めてはならないとあれほど厳しく命じておいたではないか、と。

これに対して使徒たちは答えて言います。

「人間に従うよりも、神に従わなければなりません」

これは大祭司の権力に従うのではなく、神が天使を通じて命じたことに従うのだ、という宣言です。

この一節は、キリスト教信者たちが、この世の権力と対決的な姿勢を取る際に必ずと言っていいほど引用する有名なものです。

そして、そこで表明されている思想が、アンティゴネーの主張と相似関係にあるのは明らかだと思います。

ただし、このように「神に従う」姿勢は、宗教的なものです。古代ギリシャの神々やキリスト教の神を信じない人々にとってはあまり参考にならないかもしれません。

そこで、服従しないための第二の根拠に目を移しましょう。

良心の声に従ったルター

アンティゴネーが神の掟に従い、国王クレオーンの命令に背いた物語は、ヨーロッパの多くの思想家たちによって様々に解釈されてきました。

なかでも代表的な理解は、アンティゴネーが国王への服従を拒否したのは、彼女が自分の良心に基づいて意思決定したからだ、というものです。その結果、国王の命令という政治的権力と、それに逆らう個人の良心との対立という図式で、『アンティゴネー』という作品の主題を理解することが一般的となっています。

権力と良心の対立こそは、不服従をめぐる思想的な問題の代表的なものです。

この問題が、歴史上最もドラマティックな形で現れたのが、一六世紀ドイツの宗教改革者マルティン・ルターに対する異端審問です。

ルターは、いわゆる宗教改革の代表的指導者で、プロテスタンティズムの創始者です。一五一七年、ヴィッテンベルク城教会の扉に「九五カ条の論題」を張り付け、当時のローマ・キリスト教会の教えに疑問を投げかけました。

特にルターが問題視したのは、贖宥状《しょくゆうじょう》についてです。贖宥状とは、それを購入すれば自分が犯した罪が許されたことを証明する文書のことです。贖宥状を販売したのはローマ教会ですが、そんなものを発売したそもそもの理由は、教会による資金集めのためでした。特に、現在、バチカン市国に所在し、カトリック教会の総本山として知られるサン・ピエトロ大聖堂の再建プロジェクトには莫大《ばくだい》な資金が必要となったことが背景にあります。

ルターの「九五カ条の論題」は、教会の神学的教えに対して論争を仕掛けるものでしたが、それと同時に、現実的な問題として、教会自体の資産ではなく貧しい信者から集めた資金で大聖堂の改築を行うことに疑義を呈するものでもありました。

ルターの神学的主張は明らかに大胆で新しいものだったため、ローマ教会はこれに異端の嫌疑をかけました。

一五二一年、ヴォルムスで公式な審問が開かれ、審問官は、ルターに対し、自分の神学的主張を取り下げるか、それとも、頑固に主張し続けるか、選択を迫りました。

ルターはそこで次のように言います。

「私の良心は神の言葉に捕らえられています。良心に逆らって行動することは、確実でもなく正しくもありませんから、私は何も取り消すことはできませんし、また欲しもしません」

そして、次の有名な一言で返答を結びました。

「ここに私はたつ。私はこのほか何もできません。神よ、私を助けてください」

この世の権威に対して、ルターという一人の個人の良心が真っ向から対決した歴史的事件として非常に有名な逸話です。

白バラ抵抗運動

歴史的にもう少し新しい例として、ナチス支配下のドイツにおいて「白バラ抵抗運動」を行った二一歳の女性ゾフィー・ショルをとりあげましょう。

一九四三年二月一八日のことです。ゾフィーは、兄ハンスと共に、授業中で人影があまりなかったミュンヘン大学構内で、ヒトラー政権を批判するビラをばら撒《ま》きました。授業が終わり、大勢の学生が教室から出てくるのに紛れ込もうとした二人は用務員に捕まってしまいます。

その後、モーア取調官による尋問を受けますが、その中でモーアはいいます。

「一方に法律があり、他方に人々がいる。私の仕事は、人々の行いが法律と合致するかどうかを見定めることだ」

そう述べることでモーアは、法による秩序を守ることの重要性をゾフィーに語ります。

これに対してゾフィーは言います。ヒトラー政権下では言論の自由を主張して発言すれば、死ぬまで牢獄《ろうごく》行きとなり、ドイツはユダヤ人を大量虐殺している。それは「秩序」の名に値するのか、と問いただすのです。

そこでモーアは、「それでは法によらねば何に頼るというのだ」と問い返します。

それに対するゾフィーの回答はこうでした。

「良心です」

モーアはさらに「なぜ、間違った思想のために自らを危険に晒《さら》すのか」と問います。

これに対する回答も「良心のためです」。

これは、自分の良心に照らして正しいことと確信できる事柄に断固として忠実である姿勢です。

モーアによる尋問が終わると、ゾフィーは裁判にかけられ、悪名高きフライスラー判事によって執拗《しつよう》に罵倒された挙句、死刑判決が下されました。

しかも、判決のその日に死刑が執行され、兄ハンス、そして仲間のクリストフ・プロープストと共に断頭台の露と消えました。

先ほど紹介したマルティン・ルターは、良心の命ずるところに忠実だったのですが、異端として焼き殺されず、プロテスタント教会の指導者として活躍することができました。

これとは対照的に、ゾフィーは、自分の良心の権威を守るために刑死する悲劇的な運命を辿《たど》ったわけです。

こうしてナチスはゾフィーら「白バラ抵抗運動」の運動家たちをいったんは沈黙させましたが、彼らを人々の記憶から抹消することはできませんでした。

戦後、ゾフィーは兄ハンスと共に、その勇気ある抵抗活動のため、バイエルン州政府やミュンヘン大学などによって顕彰されています。

二〇〇五年には、ゾフィーの処刑に至る顚末《てんまつ》を描いた映画『白バラの祈り　ゾフィー・ショル、最期の日々』が公開され、話題となりました。二〇二一年はゾフィーの生誕一〇〇周年にあたり、ドイツでは彼女の功績を記念する行事が行われました。

良心とは何か

このゾフィーの例がよく示すように、良心の指示するところに従うのは、簡単なことではありません。

しかも、それは、死刑を覚悟しなければならないような極限状況に限った話ではありません。

ミルグラムの実験でも、被験者は驚くほどの良心との葛藤を経験したようです。あるビジネスマンは、元気よく自信満々で実験室に入ってきたのですが、実験が始まって二〇分もすると、落ち着きがなくなり、どもりがちになって、すっかり神経をすり減らしている印象だったといいます。「もうたくさんだ、やめよう」などと呟《つぶや》いていたというのです。

しかし、それでも最高電圧まで電気ショックを与え続けたそうです。

ここで注目したいのは、この人は、ただ単に命令されたから「気楽に」電気ショックを被験者に与え続けたのではないという点です。いくら心理学者が「研究のために実験を続けてください」と権威をもって指示しても、その指示内容を実行することに心理的な抵抗を強く受けたわけです。これが良心との葛藤というものです。

普通、日本語で良心について語る場合、良心の呵責《かしゃく》という表現を使うことが多いと思います。

何か過去の行いについて「あのようなことをするんじゃなかった」とその罪を認め後悔する場合、良心の呵責にさいなまれる、と表現します。

このように良心は過去の行いについて道徳的判断をし、それを悔やむ場合があります。しかし、その一方で、今そこで起きている出来事について、すぐさま道徳的判断を下す場合もあります。

ミルグラムの実験で、心理学者の指示に対して心理的な抵抗を感じたケースがそれにあたります。

そもそも「**良心**」という言葉は何を意味するのでしょうか？

辞書を見ると「何が自分にとって善であり悪であるかを知らせ、善を命じ悪を退ける個人の道徳意識」などと解説してあります。

「良心」という日本語は、起源をたどれば、中国哲学の古典『孟子《もうし》』にまで遡れます。孟子は、人間には生まれつき善を知りそれを実践する能力が備わっているという、人間の性善説を説きました。

この生まれながらに備わっている、善を知り行う能力のことを孟子は「良心」と呼びました。

しかし、「良心」には別の意味もあります。

明治時代に欧米思想がどっと日本に流入してきた際、英語でいうコンシシエンス（conscience）に対応する訳語として「良心」という言葉が用いられました。

では「良心」の原語であるコンシシエンスとは何を意味するのでしょうか。

時代や思想的立場によって様々なのですが、まず押さえておくべき点は語源的な意味です。コンシエンスはラテン語でいえばコンスキエンティア（conscientia）で、この単語は「～と共に」を意味する「コン」と「知識」を意味する「スキエンティア」の二つが合体したものです。

つまり「～と共に知ること」という意味です。

そこで問題なのは、「何と共に知る」のか、ということです。

ヨーロッパの思想的伝統では、主に二つの理解があり、一つは「神と共に知る」、もう一つは「自分自身と共に知る」となります。

「神と共に知ること」としての「良心」は、先ほど、ルターの例を挙げたとき紹介した彼の言葉「私の良心は神の言葉に捕らえられています」で明瞭に表れています。神と共に何を知るのかといえば、それは神の法、神の掟です。神の命じるところを知るのが良心ですから、良心の持つ権威は絶大です。良心に逆らって行動することは間違っているだけでなく罪となります。

このような意味での良心に従う場合、それは先ほど簡単に論じた「神に従う」こととほぼ同じ内容と言っても構わないでしょう。

この「神と共に知ること」としての良心はキリスト教的な概念ですが、これに対し

「自分自身と共に知ること」としての良心は、古代ギリシャ・ローマ哲学に起源があります。

「自分自身」とは端的にいえば、自分の理性です。ここで「自分自身」としての理性と共に知ることと、世間の一般常識と共に知ることとの違いを強調したいと思います。

世間の常識的な見解や判断と共に知ることは、自分以外の「他者」に判断を任せてしまうことを意味します。

教会の権威や国家の権力、または社会的な慣習や常識などといった、自分以外の人間にすぎない「他者」に判断を委ねてしまうのではなく、自分自身で判断するということ。それは、自己の自立の主張に他なりません。

ただし、世間の常識や社会慣習などによらず、自分の頭で考えて行動するといっても、その結果は人によってまちまちです。

しかも、いくら自分にとって理性的な判断のつもりでも、他人の目には単に自己利益の追求にすぎない場合もあるでしょうし、あるいは偽善的なものに見える場合もあるでしょう。

「良心」の権威によって自分の意見を主張する場合、自分の道徳的正しさや信念に基づく主張であるなら、それは自分自身の誠実さを自分自身に証明することになります。しかし、客観的には独りよがりにすぎないとみなされることもあります。

二〇世紀ドイツの偉大な社会科学者マックス・ヴェーバーは、「良心」の権威を主張する立場を**「信条倫理」**という言葉で表現しました。

「信条倫理」とは、自分の意図するところが純粋であることや道徳的信念に無条件的に従うことに究極的な責任を感じる倫理観を意味します。

ヴェーバーは、宗教的なリーダーはこのような倫理観を持つ傾向が強いと述べていて、たとえば、イエス・キリストや中世ヨーロッパの聖人フランチェスコ、そしてキリスト教的な平和主義者を例として挙げています。

基本的に、信条倫理を追求する人々は、自分自身の信念に忠実であろうとする結果、その行動がもたらす結果には無頓着です。

これとは反対に、自分の信念や信条に忠実であることよりも、理性的に判断・行動する結果に責任を感じる倫理観もあります。

このような倫理観をヴェーバーは「**責任倫理**」と呼びました。

責任倫理を追求する場合、自分の信念に忠実であろうとする信条倫理の追求が、独りよがりになることを警戒します。

しかも、人間の行動に絶対に正しいということはないと考えるため、判断を下すのに慎重であることを重視します。

しかし、ひとたび決断を下したらその結果を自分が引き受けるのです。

先ほどルターの例を挙げましたが、ヴェーバーは、ルターの「ここに私はたつ。私はこのほか何もできません」という一言に、信条倫理と責任倫理の結合を見ています。

つまり、ルターは、自分の魂が神の言葉によって捉えられており、神の命じるままに行動しなければならないと判断している点では、信条倫理に従っています。

しかし、その一方で、自分の信念に従った結果がどうなるかもしっかり認識しており、その結果を自ら引き受ける覚悟を表明している点では、責任倫理に従っています。

政治に関わる人々には、この信条倫理と責任倫理の両方をバランス良く追求することが求められるとヴェーバーは主張しています。

信条倫理に必要なのは良心の働きです。

一方、責任倫理に求められるのは判断力です。

では、判断力に求められる認識とはなんでしょうか。

この問いへの回答にはいろいろなものがありうるでしょうが、政治との関連で、どうしても必要なものを一つだけあげるとすれば、**「共通善」**への配慮だと思います。

では、その「共通善」とは何でしょうか？

「共通善」に従う

「共通善」という日本語は、みなさんがこれまで見たことも聞いたこともなかったものだろうと思います。

「共通善」は英語にいう the common good の翻訳です。英語では the public good とも表現されるので、「公共善」とか「公共の福祉」という訳語が用いられることもあります。

「共通善」なんていうといかめしい専門用語のように聞こえるかもしれませんが、その元になる英語表現は、英語を母語とする人々が日常会話で普通に用いるものです。

「共通善」とは文字通り、人々が共通に善いものとみなすものであり、ある共同体全体の利益を意味します。

「共通善」は、市民社会が成立するための基礎であり必要条件です。

それと正反対のものは、一部の人々だけの利益です。特に権力者や、彼らがひいきにする一部の人々だけがせしめる利益のことです。

「共通善」という思想に忠実であるならば、自己利益だけを考えるのではなく、全体の利益を優先し、それと自分の利益を調和させようとします。

この点を理解する上で、日本映画の巨匠・黒澤明監督の名作『七人の侍』が参考になります。

野武士による略奪に悩んでいた農民が七人の侍を雇って、侍たちの指導のもと、農民たちも協力して野武士の襲撃から村を守る様子を描いた作品です。

この物語で侍の島田勘兵衛は、村人に戦い方を教えるのですが、その際、このようにいいます

「他人を守ってこそ、自分も守れる。己のことばかり考える奴は、己をも滅ぼす奴だ」

自己利益のことばかり考える人は、他人がどれほど犠牲になろうとも自分さえ助かればよいと考えるものです。しかし、それでは、結局のところ、自分も助からないのだ、ということを勘兵衛は主張しているわけです。

このことは、軍隊での体験でも裏付けられているようです。お互いによく知らない者同士で構成される部隊は、お互いを信頼できないので、一人ひとりにとって自分だけが頼りです。このような部隊は生存の見込みが少ないそうです。

これに対し、お互いが顔見知りであるだけでなく、仲間同士の信頼関係が強い部隊は、生存の確率が高いといいます。

つまり、戦場では自分の隣に頼りになる友人がいることが生き残るために必要な条件であり、しかも自分自身も隣にいる友人のために頼りになる存在でなければ、友人は生き残るチャンスを失うのです。このように、グループの成員全員がお互いに、自分が果たすべき役割を果たし、お互いに信頼し助け合うとき、「共通善」が実現します。

このことを政治思想の用語で言い直せば、社会の一人ひとりが「市民的美徳（civic

virtue)」つまり市民として果たすべき道徳性を発揮しているといえます。その時、すべての市民にとって望ましい状態が実現するわけです。

しかし、政治権力を握る人々は往々にして自分たちだけの利益を確保することに躍起になります。権力者の自己利益の追求は、支配される一般市民が犠牲を強いられるということを意味します。

その犠牲とは、共通善の破壊です。権力者たちだけがいい思いをして、一般市民たちが辛《つら》い思いをするような状態です。

そうなれば一般市民としては、権力者の自分勝手な行動を許せないとして一致団結して抵抗してもおかしくないでしょう。

しかし、**権力者の立場からすれば、自分たちだけがいい思いをする状態を維持するためには、市民が一致団結することを阻止しなければならないと考えます。**

そこで、市民がお互いに信用できず、助け合わないように仕向けるのです。

お互いが信用できない社会とはどんな社会でしょうか。

歴史から一例を挙げれば、戦後まもなくのことですが、いわゆる「マッカーシズム」が吹き荒れたアメリカ社会がそれです。マッカーシズムとは、アメリカ上院議員ジョゼフ・マッカーシーをリーダーとして、共産主義者を政府関係者やマスメディア、映画界から一掃しようとした運動です。

このマッカーシズムを描いた映画に、『真実の瞬間《とき》』という作品があります。ロバート・デニーロ演じる映画監督をはじめとして、共産主義者であると嫌疑をかけられた映画人たちが、連邦議会下院の非米活動委員会から取り調べを受けます。取り調べの中で、委員会のメンバーは、取り調べを受けている本人が処罰の対象となりたくなかったら、共産主義者である知人・友人の名前を挙げよ、というのです。

そこで友人・知人を「売る」行為が続発しました。

当時のハリウッドでは、共産主義者であるという噂《うわさ》が立っただけで、実際には共産主義者ではなくても、仕事がなくなってしまいました。『真実の瞬間』は、疑いをかけられた映画人たちの間で、相互不信に陥り、お互いに裏切るような事態に陥ってゆくことの苦悩を見事に描いています。

自己責任か共通善か

実は、日本でも人々の間の信頼関係を切り崩す事態が進行中です。政府が国民一人ひとりの「**自己責任**」や「自助」の重要性を唱えることがその一例です。

日本政府が主張する「自己責任」とは、国民一人ひとりが、自分の身の安全や衣食住などについて、自分自身が責任を負うのであって、他の誰の世話にもなるべきではないという意味です。

「自己責任」がこのように広く理解された結果、一般国民の間でも、政府の世話になったり、国に迷惑をかけたりするべきではない、「自己責任」を徹底しろ、というような意見を振り回す人が多くなってきました。

しかし、「自己責任」という言葉は、もともとそのような意味では使われていませんでした。

この言葉の用法は古く戦前にまで遡りますが、とくに一九八〇年代以降、メディアで取り上げられるようになりました。

それは、たとえば、有名な実業家だった庭山慶一郎が『自己責任の論理』というタイトルの書物を一九八〇年に発表したことからもわかります。

この本で庭山は、民間企業および納税者の立場から、政府に行政改革を求める主張を展開する中で、政府の「自己責任」を問題にしていました。

つまり、「政府があれこれ民間に口出ししたり、〝一般消費税を導入しよう〟などといって国民から税金をさらに搾り取ろうとしたりする前に、まず政府の側が行政改革を行うことで、政府が自己責任を果たすべきだ」という主張だったのです。

したがって、自己責任が問われていたのは無駄遣いをする政府の側だった、というわけです。

それが、現在では、「みなさん、自分の世話は自分でしなさい、政府をあてにされても困る」という意味で、国民一人ひとりの「自己責任」を政府が問うようになっています。

「自己責任」を問う主体と客体の関係が逆転しているのです。

しかし、現在のような意味での「自己責任」を額面通りに受け止めれば、政府が国民生活を守る上で果たすべき責任を国民が問うてはならないことになります。

しかも、国民一人ひとりの「自己責任」なので、まず頼りになるのは自分だけ。

ですが、自助だけでは生活していけない社会的弱者は少なくありません。

そうした人たちが頼ってくるなら、「他人に頼るな、自己責任でやれよ」と言いたくなるでしょう。「自分のことは自分でやれ」という「自己責任」論は、一見したところ、ごく当然の「正論」に見えるかもしれません。

しかし、そうした考え方が社会に浸透すればするほど、一人ひとりの個人が、何らかの事情で他人や政府を頼りにしなければならない人々に対して「自己責任を負わないのはけしからん」と主張するようになります。

つまり、誰も他人を助けることをしない社会になってしまうのです。

それは、結局のところ、社会の崩壊です。

なぜなら、社会は人々がお互いに助け合うことによって初めて成立するからです。

もちろん、一人ひとりの市民は、それぞれ果たすべき義務を果たさなければなりません。

しかし、隣人や友人、知人を助けることも市民としての道徳的義務であり、「自分のことは自分でやっておきさえすればそれで万事オーケー」というわけではありません。

さらに、政府には、居住民に対して果たすべき責任があります。その責任を十分果たさないで、国民にばかり「自己責任を果たせ」というのは無責任すぎます。

しかも、国民に向かって自己責任を唱える結果、助けを求める隣人に多くの人が冷たくなるようなら、国が社会をぶち壊しているのと変わりありません。

黒澤明監督の『七人の侍』に登場する、自分のことしか考えない村人たちのような状態に日本人の多くはすでになりつつあります。

こうした危険な流れに歯止めをかけるには、「他人を守ってこそ、自分も守れる。己のことばかり考える奴は、己をも滅ぼす奴だ」という島田勘兵衛の言葉を、一人でも多くの人がしっかりと胸に刻む必要があると思います。

この関連で言えば、二〇二〇年以来、本書執筆時点でもなお世界を席巻している新型コロナ・ウイルスによるパンデミックは、各国政府だけでなく、それぞれの社会で一般的な社会道徳観をあらわにしたように思います。

日本の場合、「自己責任」論が浸透している結果、「自分がコロナ・ウイルスに感染したら、それはそれで仕方がない」という意見を、テレビの街頭インタビューや新聞記事でしばしば目にしました。

つまり、移動制限が呼びかけられているのに、自分が街に出て行ってウイルスに感染したとしてもそれは自己責任なのだから、いいじゃないか、というわけです。

この場合、自分がウイルスに感染することで、さらに身近な人やたまたま接触した人にとって自分が感染の原因となるかもしれない危険性には配慮していません。

他者の利害を尊重するという視点が「自己責任」論には欠けているのです。

その点、コロナ・ウイルス感染を徹底的に抑え込むことに成功しているニュージーランドの場合、政府は居住民に対して「自分が感染しているかのように行動してください」と繰り返し訴えました。

つまり、自分がすでに感染しているという仮定のもと、できるだけ自宅から外に出ないようにし、止むを得ず外出する場合は、ソーシャル・ディスタンスの実践を徹底するなどして、周囲の人々に感染しないよう配慮するように呼びかけたわけです。

「自分のことは自分でする。他人は関係ない。それで何が悪い」というような態度を多くの人がとっていたのでは、感染の連鎖を断つことはできないからです。

「共通善」の敵とは何か

コロナ・ウイルスの脅威から私たちの健康上の安全を守るというのは、私たちにとって最も基本的な「共通善」であることは自明なはずです。

その「共通善」を実現するために最も有効な方策を取る責任が政府にはありますし、その方策を実行するには、市民一人ひとりが協力する必要があります。

すでに説明しましたように、このような共通善の実現を重要視し、そのために自ら貢献する態度を「市民的美徳」といいます。

では、その市民的美徳を発揮することで実現する「共通善」とは、より具体的に言えば、一体何でしょうか？

先ほど、コロナ・ウイルスから私たちの健康上の安全を守ることは「共通善」であると言いました。

なぜなら、私たちの生命の安全が確保されていることが、私たちが日常生活を送る上で必要最低限のことだからです。

その意味で、パンデミックという状況は例外的と言えます。パンデミックが終息し、健康上の安全を過度に心配する必要がない状態に復帰した場合、「共通善」とはどのようなものとして理解できるでしょうか。

この問いに対する回答は、思想的立場や時代によって異なりますが、ここでは古代ギリシャの哲学者アリストテレスを例にとってみましょう。

彼によれば、「共通善」は社会を構成する自由で平等な市民一人ひとりが、道徳的に優秀になることです。

古代ギリシャの政治社会をポリスと言いますが、ポリスにおいて有徳な生活が実現している状態を、アリストテレスは「共通善」だと論じました。

ここで重要なのは、ポリスが自由で平等な市民の共同体であることです。

アリストテレスの主張を継承する、ヨーロッパ政治思想の一大潮流として共和主義という考え方があります。この思想は、この自由と平等という政治的な価値、および、その自由と平等を実現する政治制度を「共通善」であるとみなします。

これに対し、「共通善」が失われている状態のことを「暴政」と言います。「暴政」なんて聞くと、暴虐非道な指導者による暴力的な政治のようなイメージがあるかもしれませんが、政治思想史の用語として、「暴政《ティラニー》」とは、一部の指導者が自己利益を優先させた結果、市民生活が疲弊し、自由と平等が損なわれた事態を意味します。

そのため、「共通善」思想を持つ人々は、決まって「暴政」を敵視するものです。

みなさんは、フランスの国歌「ラ・マルセイエーズ」をご存じですか？「ラ・マルセイエーズ」はフランス革命当時に作曲され、国歌として制定されたものなので、フランス革命の理想と密接な関係にあります。

フランス革命といえば、一八世紀末にブルジョアジーが、フランス絶対王政を打倒して共和政を樹立した世界史上の大事件ですが、革命勢力の政治的な気構えが「ラ・マルセイエーズ」の歌詞には端的に表現されています。

ウィキペディアに掲載されている日本語訳を以下に引用します。

行こう　祖国の子らよ
栄光の日が来た！
我らに向かって暴君の
血まみれの旗が掲げられた
血まみれの旗が掲げられた
聞こえるか　戦場の
残忍な敵兵の咆哮《ほうこう》を？
奴らは汝《なんじ》らの元に来て
汝らの子と妻の喉を搔《か》き切る！

武器を取れ　市民らよ
隊列を組め
進もう　進もう！

汚れた血が
我らの畑の畝《うね》を満たすまで！

かなり暴力的な内容なのに驚きませんか？

これは、反革命勢力（つまりフランス絶対王政とそれを支える特権階級）を暴君が支配する体制だと見定め、その暴政に対抗して市民たちが決起することを促す歌です。

フランス革命のスローガンは、「自由、平等、友愛」です。

まさしく、市民たちの自由や平等、同胞愛を踏みにじる暴政への抵抗を表現するものとしてフランス国歌が制定されているのです。

ついでに、日本の国歌についてもちょっと考えてみましょう。

日本の国歌は、ご承知のとおり「君が代」です。

歌詞の起源は、字句は完全に一致しませんが、『古今和歌集』にあると言われていま す。しかし、国歌として「君が代」が制定されたのは明治時代に入ってからのことです。

歌詞は次の通りです。

抗議の意思を示す際に歌われた「ラ・マルセイエーズ」

君が代は
千代に八千代に
さざれ石の
巌《いわお》となりて
苔《こけ》のむすまで

この歌詞がどういう意味か、お考えになったことがありますか。

「君」つまり天皇の治世が、数千年も続きますように、それは小石が大きな岩となって、その上に苔が生える日まで、という意味です。

つまり、天皇の治世が永く続きますように、という祈りです。

戦時中は、この「君が代」に加えて、「海行《ゆ》かば」という歌曲が、いわば第二の国歌として広く知られていました。

その歌詞は次のようなものです。

海行かば水漬《みづ》く屍《かばね》
山行かば草生《む》す屍
大君の辺にこそ死なめ
かへりみはせじ

この歌詞を現代語訳すれば、つまり、「海に行けば、海水に浸かった死体となり、山に行けば、草が生えた死体となる。天皇のおそばで死のう。振り返りはしない」ということになるでしょう。

「君が代」が天皇の治世が永く続くことを祈る一方、「海行かば」は天皇のために死ぬことを望んでいることを歌っているわけです。

つまり、日本の国歌は、ひたすら天皇への思慕を表現しているのです。日本の国歌には、私たち日本人が希求すべき政治的理想を見出すことはできません。

フランス国歌の基本的なメッセージが、暴政への「抵抗」であるのと対照的です。

しかも、「ラ・マルセイエーズ」の歌詞には、これまでお話ししてきている、ヨーロッパ的な政治思想の「基調」を読み取ることができます。

そもそもフランス革命は、人類共通の理念として自由や平等を掲げたので、フランス固有の政治的理想を追求しただけの事件とは言えません。

実際、歌詞がフランス語であることを除けば、歌詞のどこにもフランス固有のものを示唆する事柄がありません。

そのため、二〇世紀初めのイギリスで、女性参政権獲得のために活躍した女性運動家たちは、デモ行進でしばしば「ラ・マルセイエーズ」を演奏しました。

イギリス人の彼女たちは、もちろんフランスの信奉者ではありません。しかし、女性としての自由と平等を求め、男性による暴政に立ち向かったために、「ラ・マルセイエーズ」に共鳴したのです。

つまり、**「ラ・マルセイエーズ」に表現される、「共通善」実現のために暴政を打倒しようという意思には、フランスの国境を越えて人々の心に訴える普遍的な政治的理想が表現されている**ということです。

このように「共通善」を政治的理想として掲げる姿勢が、一人ひとりの市民にはどうしても必要です。

そしてその共通善を破壊し、政治社会を腐敗させるのが暴政であって、これは打倒しなければならない「敵」だという認識がどうしても必要です。

ある政策や法律が、「共通善」の実現に役立つのかどうか。

政府は「共通善」を現に実現しているのかどうか。

これを問うことが、政治の現実の良し悪しを判定する上で最も基本的な基準だからです。

このことは、私たちの健康診断と似ています。

私たちの身体が健康であるかどうかを見定めるには、血圧とか血液検査、尿検査など、いくつかの指標が必要です。血圧の場合、収縮期血圧が一二九以下、拡張期血圧が八四以下なら正常とみなされています。

このように何が正常なのかについて目安がなければ、何が異常なのか、判断がつきません。

政治における「健康指標」が「共通善」です。

政治の現実に関して「健康診断」を下すには、どのような政治が「共通善」を実現した状態なのかについて、私たち一人ひとりが考えを持つ必要があります。

なぜなら、政治について「理想」（＝「共通善」）を思い描くことができなければ、現実が理想とどの程度かけ離れているか（あるいは近づいているか）を、判断することはできないからです。

そのためには、まず、いろいろな論点に即して「政治が何を実現すべきか」について目安をつけておく必要があります。

たとえば、日本には女性差別が根強い社会風潮がありますが、このままでいいのでしょうか。

人口の老齢化がますます進む中で、現在の年金制度や介護保険制度で、みなさんの老後の生活はきちんと保障されているでしょうか。

同じような仕事をしても正規雇用者と非正規雇用者では待遇も雇用の安定度も大きな差がある不公平な現状に、政治はどのような対策を講じているでしょうか。

個々の論点に即して、日本に住む人々すべてにとって望ましい状態（つまり「健康な状態」）とは何かを考えることが、「共通善」を追求する第一歩なのです。

本章では、服従しない根拠について、考察しました。結論を一言でいえば、服従しない根拠は、自分の「良心」、そして「共通善」という政治的理想です。「良心」や「共通善」に従うことで、不正を犯す人間の命令や、不正な社会的慣習や法律に従うことを拒否するのです。

それでは、具体的にどのような不服従の方策があるのでしょうか。それを次章で探ってゆきたいと思います。

第五章　どうすれば服従しないでいられるか

法律を犯してまで抗議する意味

本書の冒頭で、世界でいろいろな抗議運動が起こっていることを紹介しました。ブラック・ライブズ・マター運動は、特に黒人に対する人種差別と警察による暴力に抗議しており、#MeToo運動は女性への性暴力に反対するものです。

また、中国共産党政府により自由が剝奪され自治が大きく後退している香港の反体制的な民主化運動や、軍事クーデターの結果、民主主義が危機にあるミャンマーでの反政府運動もあります。

さらに、グレタ・トゥンベリーがリードする国際的な環境保護運動などのように、現状に対して「NO」を突きつける不服従運動が世界各地で展開されています。

しかし、不服従運動は、今世紀に始まったものではありません。

歴史を遡れば、既存体制に対して激しい抵抗運動が繰り広げられた例はいくらでもあります。

その具体例としては、たとえば、一八世紀から一九世紀にかけてヨーロッパとアメリカに見られた奴隷制度廃止運動があります。

アメリカの二〇ドル紙幣の新デザインに採用が決まっているハリエット・タブマンという黒人女性は、脱走奴隷の逃亡を密かに援助する「地下鉄道」という組織の指導者のひとりでした。アメリカ南部諸州では奴隷制度が公認されており、奴隷の脱走は禁じられていました。「地下鉄道」は、脱走奴隷を北部の自由州へ、さらにはカナダへの亡命を秘密裏に手助けした点で、南部の奴隷制度に抵抗する秘密結社でした。

また、女性参政権獲得運動の例もあります。今日では男女平等が一般的通念となり、女性が参政権を持つことは当たり前だと思われているかもしれません。しかし、二〇世紀初頭までは日本はもちろん、欧米でも女性が参政権を持つことは論外とされていました。

アメリカやイギリスをはじめ、西洋諸国では女性が参政権を求めて、街頭デモを行ったり、ハンガーストライキを実行したりした結果、逮捕・投獄される女性も少なくありませんでした。

しかし、そうした事件が報道されるにつれ、市民の間に抗議運動家への共感や同情も集まるようになり、社会的に大きなうねりとなっていったわけです。

これらの例のように、一般市民がある政治的要求を貫くために、法律に違反する行為をあえて犯すことを**市民的不服従**（civil disobedience）といいます。

法律違反をあえて犯してまで、政治的要求を貫くのはなぜかと言えば、既存の政治制度が生み出す法律の道徳的権威を疑問視するからです。

つまり、市民的不服従を実践する人々は、自分の良心に照らしたとき、現体制が制定する法律が道徳的に正しいものとは言えないと確信するわけです。

逆に言えば、その法律に唯々諾々と従うのであれば、自分自身の道徳性が危うくなるという危機感を抱いているのです。

さらに、市民的不服従を実践する人は、それがただの独りよがりだとは思っていません。むしろ、特定の政策や法律が「共通善」を害するものだという認識を持っているのです。

市民的不服従の「元祖」ともいうべき思想家は、一九世紀アメリカのヘンリー・デイヴィッド・ソローです。

ソローは『ウォールデン』という随筆でアメリカ文学史に名を残していますが、その作品は、都会を離れ、ウォールデン湖のほとりの小屋で大自然に囲まれて孤独の生活を楽しむ中で執筆されました。

興味深いことに、孤独の生活を送っていたにもかかわらず、ソローは政治から逃避していたわけではありませんでした。

むしろ、自然の中での沈思黙考はソローの政治思想を研ぎ澄ませ、アメリカ政府が奴隷制を温存し、さらにメキシコに侵略戦争を仕掛けていたことに抗議して、納税することを拒否しました。

結果、一夜だけですが、投獄されてしまいました。

その経験に基づき、彼は「市民的不服従」というエッセイを発表します。

これが現在、世界各地で展開される市民的不服従運動の思想的原点ともいうべき作品です。

この著作の中でソローは、ある特定の法律に違反することで市民的不服従を実践すべきなのは、何らかの不正が人々を「他人に対する不正行為へと駆り立てる」場合だと主張しています。

それは、ある法律や政策によって人々が「他人に対する不正行為へと駆り立て」られるなら、人々がお互いに不正を犯すようになってしまい、「共通善」もダメージを受けることになるからです。

念のために申し添えますが、この市民的不服従は、既存の政治体制それ自体を否定することを目的とするものではありません。

既存の政治体制は尊重するけれども、ある特定の政策や法律が間違っているため、それに反対するのです。その反対の意思を表明するために、ある特定の法律に違反するわけです。もちろん、法律違反の結果、刑罰を受ける覚悟を決めた上で違反するのです。

いま世界で見られる市民的不服従運動は、通常、公然と行われます。まさに「共通善」に関わる問題を提起する運動だからこそ、公衆の面前で行われる必要があるわけです。

しかも、その抗議方法は、原則として、非暴力的手段をとります。なぜなら、抗議の意思表明が正当であると主張するためには、その抗議手段も正当なものでなければならないからです。

このような市民的不服従運動の古典的な例としては、ガンディーの非暴力不服従運動が挙げられます。

ガンディーの不服従運動は第一次世界大戦をきっかけとするものです。

第一次世界大戦に際して、イギリスは大戦後にインドの独立を認めることを条件に、インドに戦争協力を求めました。

しかし、イギリスが勝利をおさめて戦争が終結しても、イギリスは、インドを独立させるような動きを見せることはほとんどありませんでした。

イギリスとそれまで協調的だったガンディーは、イギリスに裏切られたと確信し、インド独立運動の先頭に立ちます。

イギリス製品の不買運動などを通じて不服従運動を展開したガンディーは、何度も逮捕・投獄されています。

　警官隊は非武装の市民に対して無差別に発砲するなど、暴力的手段に訴えて運動を鎮圧しようとしますが、ガンディーはあくまでも非暴力的な手段による抵抗を主張し続けました。


　しかし、権力の側が剝き出しの暴力で抵抗運動を制圧しようとする場合、どうすべきでしょうか。

　たとえば、最近の香港やミャンマーでは、支配勢力が抗議デモを武力で鎮圧しようと躍起になっています。

　その結果、ミャンマーの場合、デモ参加者には多数の死傷者が出るという恐ろしい事態になっています。報道関係者からは、報道の自由が奪われ、クーデターに批判的なジャーナリストは国外逃亡を余儀なくされています。

　香港では、新たに国家安全法が導入され、反政府勢力の指導者たちが次々と逮捕・勾留されるに至っています。

このような状況になってしまうと、公然と抗議を行うことには非常に大きなリスクが伴います。

「香港やミャンマーならともかく、日本ではそんなことまで心配する必要はないだろう」

そうお考えだとしたら、国家権力というものを甘く見過ぎです。

第三章で説明しましたように、どこの国でも、国家権力には強制力が伴うため、いざとなれば私有財産を取り上げ、私たちを刑務所に閉じ込め、さらには私たち市民に銃口を向けることが可能なのです。

日本がそんな状態に陥ってから「想定外だった」などと言っていては遅すぎるのです。香港やミャンマーの経験を他山の石として、政治の劣化を食い止める必要があることは言うまでもありません。

しかし、私たちを取り巻く政治環境もそのような事態になりうることを想定して対策を考える必要があります。

ではどうすればよいのでしょうか。

レジスタンスの「沈黙」

公然と集団で抗議運動を展開することが現実的選択として難しいほどまでに状況が悪化した場合の不服従の方策を考える上で、第二次世界大戦中、ナチス・ドイツによって占領されたフランスの経験は参考になります。

ナチス・ドイツ占領下のフランスにおける不服従運動は「レジスタンス」として知られているものです。フランス市民が自ら武装して戦ったり、諜報《ちょうほう》活動や破壊活動を行ったりする対独レジスタンスが展開されました。

レジスタンスの英雄的な活躍については、戦後まもなく、フランスで様々に喧伝《けんでん》されました。確かに、英雄的な活動が見られたことは事実ですが、それがナチス・ドイツの敗北にどれほど貢献したかについては、現在では、疑問符がつけられています。フランスが解放されたのは、レジスタンスの結果ではなく、むしろ英米の連合軍のおかげだったのではないか、というわけです。

実際、レジスタンスの実態は悲惨なものであり、ドイツ軍によって殺害されたレジスタンス闘士は数知れません。

ジャン＝ピエール・メルヴィル監督の『影の軍隊』という映画は、レジスタンスの闘士たちが、投獄・拷問されたりする一方、闘士たちの中にも裏切り者が現れ、レジスタンス内部で処刑されたりする、レジスタンス活動の絶望的な最前線を描いています。メルヴィル監督自らもレジスタンス運動に身を投じた経験があるといいますから、その緊張感溢《あふ》れる描写には説得力があります。

おそらくレジスタンスが挙げた成果は限定的なものにすぎなかったのでしょう。

しかし、だからといって、当時のフランス市民が何もしなくてもよいと思っていたらどうでしょうか。

それは第三章で説明した「消極的不正」を犯していることを意味します。

ましてや、ドイツ軍に媚《こ》び諂《へつら》い協力するようでは、積極的に不正を犯していることになってしまいます。

実際、戦後のフランス人にとって、ナチス・ドイツによって占領された時代はあまり思い返したくない記憶です。

なぜかと言えば、フランス人としての自由と独立への誇りを失い、ナチス・ドイツに協力したフランス人たちが少なくなかったからです。

前にも説明しましたように、服従することは安心感をもたらすものです。ナチス・ドイツに身を任せていれば、とりあえず安心感が得られるという誘惑に勝てなかったフランス人が多かったとしても不思議ではありません。

ルイ・マル監督の『ルシアンの青春』は、ことの成り行きで、なんとなくナチスに協力した無学で貧しいフランス人青年を描いた映画です。

ルシアンという名の青年は、レジスタンスに協力する裕福な家庭の人々に拳銃を突きつけ、震え上がらせることに快感を覚えるような、ナチスに協力する秘密警察の一員です。

ルシアンがたまたま好意を寄せた若い女性は、皮肉なことにユダヤ人でした。

このユダヤ人女性は決してルシアンに好意を寄せているわけではありません。むしろナチス協力者の彼に憎しみさえ抱いています。しかし、彼が恋心を抱いてくれているおかげで、強制収容所送りを免れているのです。そのため、彼女はルシアンに身を任せることとなります。

この女性の名が「フランス」だという点に、監督ルイ・マルの意図を見出すことができます。

つまり、ナチス協力者に従順でなければ生き延びることができなかった、戦時中のフランス人の実態を、「フランス」という名のユダヤ人女性によって、象徴させているわけです。

確かに、普通のフランス人の多くは、ナチス・ドイツによる支配に嫌悪感を抱きつつも、抵抗することができず、妥協して生きてゆかなければなりませんでした。

そのような「普通のフランス人」の戦時下の生活を、フランソワ・トリュフォー監督の『終電車』という映画が活写しています。

しかし、この『終電車』の中に登場する、ジェラール・ドパルデューが演じるベルナールという登場人物は、昼間は俳優として働きますが、夜になるとレジスタンスのために協力する活動をします。

実際、レジスタンスの最前線で戦う人々の背後には、このベルナールのようにレジスタンスの活動を支えるような仕事を隠れて行っていた人々も少なくなかったのでしょう。あまり英雄的とはいえない、自分たちの身の丈に合った抵抗運動ならごく普通の市民にも可能でしょう。

なかでも、**最も実行しやすい不服従の手段は、「沈黙」することです。**

このように言いますと、「おや、おかしいぞ」と思う方がおられるのではないでしょうか。

第三章では、不正を「黙認」することは消極的不正である、つまり、黙っていることは共犯だ、ということを説明しました。

ならば、「沈黙」は不服従の手段ではなく、むしろ従順であることなのではないか。

このようにお考えになるとしても不思議ではありません。

しかし、抵抗の意思表示としての「沈黙」というのも存在するのです。

このことを考える時、参考になる文学作品にヴェルコール作の『海の沈黙』がありま す。

一九四七年に映画化され、二〇〇四年にもテレビドラマ化されており、いずれも容易に入手・鑑賞することができます。

場所はフランスの田舎町。語り手の「私」（老人の男性）と姪《めい》の二人の住居に、その家の二階を接収したドイツ人将校が移り住んできます。物語は、このドイツ人将校が熱心かつ礼儀正しく二人のフランス人に連日話しかけるのですが、二人は頑《かたく》なに沈黙を守り相手を無視し続けます。そのやりとりから生じる心理的葛藤をこの小説は描いています。

この二人のフランス人もドイツ人将校も善意的な人なのです。しかもドイツ人将校はフランス文化に憧れています。平和な時代であれば、共通の関心事であるクラシック音楽を話題に仲良く時を過ごせるはずです。

しかし、当時、フランスはドイツ占領下にありました。これをよしとしないフランス人の二人は、勝手に自宅の二階を接収したドイツ人に沈黙をもって抵抗の意思表示をします。

これに対し、ドイツ人将校は言います。

「祖国を愛する人々には非常な尊敬を感じます」

二人の沈黙のメッセージをしっかり受け止め、これを尊重しているのです。

ただし、当時、ドイツはフランスに対して懐柔策を取っていました。

つまり、フランス人たちを甘言で丸め込もうという意図がドイツ側にはありました。

この物語に登場するドイツ人将校は、そのような悪意を持っていなかったのですが、フランス人の立場からすれば、当然、警戒を要したわけで、沈黙こそが最も手っ取り早い抵抗の戦略だったわけです。

『海の沈黙』はドイツに対する抵抗運動《レジスタンス》の参加者の間で広く読まれ、ドイツ占領下のフランス全土は沈黙で満たされることとなりました。

つまり、ドイツ軍によって自由と独立を蹂躙《じゅうりん》されたフランス市民が、少しでも楽に生きようとするためにドイツ軍に同調しおもねるのではなく、『海の沈黙』に見られるように沈黙することが、フランス人としての尊厳を保つために必要だった、ということです。

また、この「沈黙」は、より積極的に陰で抵抗するレジスタンス運動について知っていても何も語らない「沈黙」でもありました。

すなわち、ビラなどの非合法出版物を密かに作って配布し、連帯を人々に呼びかけたり、占領軍による張り紙を破ったりすることや、ユダヤ人の隣人を密告したりすることでドイツ側に協力することを拒否することは、比較的広く行われていました。

しかし、そのような行為ですら、占領軍に見つかればただではすみません。

そうしたわずかの積極的な抵抗活動に隣人や知人が関わっているのを知っていても、黙っていること。

ナチスに協力するフランス人たちが不穏な動きを進んで密告したことを考えれば、なおさら「沈黙」の意義は深まります。

このように抵抗のための「沈黙」もあるのだ、ということを知っておく必要があるでしょう。

秘密裏の不服従

沈黙するより、やや積極的な不服従の方策としては、人目に見られないように抵抗するという手があります。

ナチス・ドイツの時代から再び例を取れば、強制収容所に送られようとしていたユダヤ人を秘密裏に救った人々がいました。

日本の外交官、杉原千畝《すぎはらちうね》がその一人です。

一九四〇年、すでにドイツ占領下にあったポーランドなどからリトアニアにユダヤ人難民が押し寄せていました。

シベリア鉄道で極東に向かうほかには逃亡先がなかった難民たちは日本領事館へビザ発給を求めて殺到したのです。

杉原は、ナチス・ドイツによるユダヤ人迫害の実情を把握していました。難民たちに深く同情し、領事としての権限で、数千人もの難民たちにビザを発給したのです。

しかし、実は、杉原の行動は、日本外務省からの訓令に反していました。

当時の日本は、日独伊三国同盟締結を目前としており、しかも、外務省はビザ発給条件について厳しかったのです。本省からの指示にしたがえば、多くの難民にはビザを発給することは不可能でした。

ところが、人道的見地に立って、まさに自分の良心に従い、杉原はビザを発給し続けたわけです。

戦後、杉原は、政府の命令に背いたためでしょうか、事実上免官となりました。一部の国民からも国賊呼ばわりされるなどの中傷を受け、不遇の日々を送りました。

しかし、その一方で、杉原のおかげで北米などへ逃亡することに成功したユダヤ人たちが、後年、杉原の功績を称えたことは有名です。

このケースでは、杉原は本国からの指示に背いていることを察知されないよう、外務省に対していろいろな芝居を打ったことが知られています。

公然と本省からの指示を無視するなら、せっかく発給したビザを無効にされてしまう危険があったからです。

このように、関係者に察知されないように不服従するには、いろいろな偽装工作が必要となります。

上司に気づかれないように服従しない行為を描いたドイツ映画に、『善き人のためのソナタ』という名作があります。第二次世界大戦以後、ドイツは西側自由主義圏に属する西ドイツと、東側共産圏に属する東ドイツとに分裂していました。その東ドイツにはシュタージという秘密警察・諜報機関があり、東ドイツの政治体制に対して批判的で、十分に忠実ではないと見られる人々を監視し、必要に応じて摘発する役割を担っていました。

このドイツ映画は、シュタージの一職員ヴィースラー大尉が、政府に批判的だという疑いのかかっていた劇作家ゲオルク・ドライマンと、そのパートナーで舞台女優のクリスタ＝マリア・ジーラントを監視する様子を描きます。

ヴィースラーは、ドライマンとクリスタの住むアパートに盗聴器を仕掛け、毎日、彼らの会話に耳を傾けます。

しかし、ドライマンたちの会話を聞くにつれて、ヴィースラーは彼らに共鳴するようになるのです。

そもそもドライマンが劇作家として活動し、クリスタが女優として活躍できるのは、政府の眼鏡にかなっている限りでしかありません。

さらに不幸なことに、芸術活動を監督する文化省のハンプフ大臣はクリスタを愛人として欲しがり、彼女の身体をほしいままにしようとします。

もちろん、クリスタを愛するドライマンにとって、彼女を大臣に愛人として差し出すことはできません。

しかし、クリスタは、大臣に身を売らなければ、彼女が女優として活動できなくするよう圧力をかけることが大臣には可能だということがわかっています。

ですが、ドライマンは大臣の言いなりにならないようクリスタに懇願します。

盗聴するヴィースラーはこの二人に同情するのです。

また、ドライマンが敬愛する演出家が、政府によって活動停止処分となり自殺してしまいます。

これをきっかけとして、ドライマンは東ドイツの実情を告発する記事を西ドイツの有力雑誌に匿名で公表することを企てます。

盗聴するヴィースラーは、その企てについての会話をすべて聞きながら、その内容とは全く異なる報告書を上司に提出し続けるのです。

その結果、ドライマンの記事は無事に掲載され大反響を呼び、ハンプフ大臣を激怒させることになります。

『善き人のためのソナタ』では盗聴していたが、
それを正しく報告しなかった

このヴィースラーのように、**粛々と任務を遂行しているかのように見せかけていながら、実際には、横暴を極める権力者に対して服従しない（この場合、反体制派の企てを誰にも知られないようにサポートする）という方策があります。**

しかし、このやり方にもかなりのリスクが伴います。

この映画でも、ヴィースラーが陰でドライマンに協力してきたことは、物語の後半で明らかになってしまいます。

ヴィースラーは、甚だしい降格処分にされますが、その結果を甘んじて受けるのです。自分一人の良心に従った行動の責任を自ら引き受けるわけです。それは、毅《き》然《ぜん》とした自尊心の表れと言ってもいいでしょう。

ちなみに、この映画の中で、ドライマンは、西ドイツの有力雑誌に、東ドイツの内情を暴露する記事を発表することで、東ドイツの体制に反旗を翻します。

このように、ある組織の内部で進行する不正や惨状を外部に向けて暴露することを**内部告発**といいます。

おそらく、現在、最も有名な内部告発者はアメリカのエドワード・スノーデンでしょう。

スノーデンは、二〇一三年に、アメリカの国家安全保障局（NSA）によるアメリカ国内および全世界に張り巡らされた監視網の実態について、イギリスの新聞『ガーディアン』を通じて暴露した内部告発者です。

アメリカは、同盟国に対しても盗聴はもちろん、コンピューター内部にまで侵入する監視体制を敷いていたのですが、そうした諜報活動の一端に関わる中で、スノーデンはアメリカという国家に反感を抱くようになったわけです。

アメリカは、スノーデンを情報漏洩《ろうえい》罪などの容疑で指名手配しますが、現在、スノーデンはロシアで生活していると伝えられています。

内部告発者は、その所属する組織の指導者の目には裏切り者と映ります。ですから、映画『善き人のためのソナタ』の中で、東ドイツ当局は、暴露記事の執筆者であると疑われたドライマンに対する捜査に躍起になるわけです。

しかし、第三章で説明しましたように、不正の事実を知る人は、その不正を白日の下に晒《さら》すことで告発する道徳的義務があります。さもなければ、自分自身もその不正に暗黙のうちに加担することになってしまうからです。

ただし、そのような告発には、裏切り者として追及・処罰されるリスクが伴います。そこで、できるだけ自分がその不正を暴露したことを秘密にする必要が生じるわけです。スノーデンも、当初はいろいろな匿名を使っていました。

しかし、それほどのリスクを冒しても不正を告発しようとするのは、まさに不正を放置しておいてはならないという道徳的信念、つまり良心があればこそなのです。

最終手段としての暴力行使

二〇一八年一一月、フランスでは、燃料価格が急上昇するなど、生活費が高騰して農村部に住む人々の間でフランス政府に対する不満が爆発しました。

燃料税の削減や富裕層への連帯税の再導入、そしてマクロン大統領の辞任を求めて、黄色いベストを着た労働者たちが、フランス各地で一斉に抗議活動を開始しました。

この「黄色いベスト運動《ジレ・ジョーヌ》」はその後、一部が暴徒化して、パリでは一〇〇台以上の車が燃やされ、シャンゼリゼの高級ブティックが襲撃されるなど、過激化しました。抗議運動家たちは警察と衝突し、かなりの負傷者が出ただけでなく、催涙弾に当たったことが致命傷となり亡くなった人もいたようです。

この抗議運動については日本のテレビ番組でも連日大きく報道されました。当時、私はたまたま京都に滞在していました。

週末のある日、テレビでワイドショーを見ていたところ、司会者が「暴力だけは絶対にいけませんね」というコメントをしました。

番組参加者には、このコメントに意見を述べる人はいませんでしたが、**本当に暴力は「絶対に」いけないことなのでしょうか？**

一部が暴徒化した感のある「黄色いベスト運動」ですが、まさに暴力的な手段に訴えたことで、政府に要求をある程度飲ませることに成功したのです。

すなわち、最低賃金のアップや課税対象の一部の除外などを約束することで、マクロン大統領は譲歩しました。

抗議運動は政治である以上、成果を出さなければ意味がありません。

その意味では、暴力を行使した抗議運動にはそれなりの意義があったというべきでしょう。

そもそも、日本のワイドショーの司会者は、どのような事情で抗議運動の参加者たちが暴力手段に訴えたのか、理解していたのでしょうか。

彼らがどのような生活を強いられてきたのか、どのような不満や怒りを政府に対して抱いていたのか、わかっていたのでしょうか。

しかも、マクロン大統領は、政策を変更するつもりがないことを明言することで抗議運動家たちと話し合う姿勢を見せませんでしたし、フランス警察も、デモ隊に向かって催涙ガスを使用したり放水したりもしました。

その結果、抗議運動家たちが怒りを爆発させたとしても不思議ではありません。

過去にもそうした事例は少なくありません。

たとえば、イギリスの女性参政権獲得運動でも、政府が頑なに運動家の要求を拒否し、かえって女性差別を助長するかのような動きを示したのに対抗して、官庁街の窓ガラスを破壊する行動を起こしたことがあります。

その意味で、ただ教条的に「暴力だけは絶対にいけない」と断定する、したり顔の「正義」に、私は違和感を覚えました。

みなさんは「正当防衛」という考え方があることをご承知と思います。

誰かによってあなたが危害を加えられたときに、直接に反撃を加えることです。あなたの生命や財産に危険が差し迫っているとき、危害を加える相手に反撃することは正当だと考えられています。

しかし、私たちが生活する国家は法治国家である以上、通常は、あなたの生命や財産に対して危害を加える加害者を処罰するのは国家の役割であって、あなたや私のような一私人の役割ではありません。

だからこそ、警察や裁判所が存在するのです。

ですが、それは警察や裁判所がまともにその役割を果たしている限りの話です。

仮に警察や裁判所が加害者を放置するようになったらどうでしょうか。

しかも、国家が、責務を果たさない警察や裁判所を放置したらどうでしょうか。

その上、重税で人々の生活を苦しめる一方で、政府高官が不正を次々と行い、いい思いをしているとしたらどうでしょうか。

つまり、法治国家の体裁は取っていても、法律がきちんと機能せず、国家が本来果たすべき義務を果たさなくなり、権力者だけの利益を追求するようになったら、どうすべきでしょうか。

権力者を含むだれかの行為が不正であるにもかかわらず法によって適切に処罰の対象とならないとき、一般市民が自ら実力を行使したり、実力行使を示唆して脅したりすることを**自警行為**（vigilantism）といいます。

国家が本来果たすべき義務を果たしている限りでは、私人が、公権力に逆らって、処罰する権利を主張することは、認められていません。

しかし、法律が十分に実効性を持たない場合には、法を超えて、私人が自ら制裁する権限を持つと主張することは可能です。

一九七三年にテレビで放映された人気時代劇ドラマ『必殺仕置人』はこのような考え方で貫かれています。

山崎努が演じる骨接ぎの「念仏の鉄」と沖雅也《おきまさや》が扮《ふん》する「棺桶の錠」が、風采の上がらない北町奉行所の同心、藤田まことが演じる中村主水《もんど》と手を組み、自ら「仕置人」と称して、不正を働く役人やあくどい商売をする大商人に制裁を加えることで、被害にあった社会的弱者の恨みを晴らす物語です。
このドラマの冒頭には次のようなナレーションが流れます。

のさばる悪を何とする
天の裁きは待ってはおれぬ
この世の正義もあてにはならぬ
闇に裁いて仕置きする
南無阿弥陀仏

神様の裁きを待っていてもラチはあかないし、そもそも法に基づいて政治を司る権力者には正義を実現することなど全く関心がなく、自己利益のためにいかさまを行ってばかりいる。その結果、庶民が犠牲になってしまうというのが、このドラマ・シリーズに一貫する状況設定です。

「この世の正義」があてにならないとき、不正が堂々とまかり通るのを、指をくわえて見ていなければいけないのか？

怒りに燃える「仕置人」たちは、不正の中心人物を探し出し、念仏の鉄は、必殺技で彼らの背骨を折り、棺桶の錠は手槍で敵の首を突き刺し、中村主水は刀で悪者を撫《な》で斬りにして「仕置き」をするわけです。

このドラマに見る「仕置き」は被害者に代わって行う自警行為ですが、この自警行為は多くの場合、正当性を論証するのが難しいものです。

それは、その加害者が公権力によって適切に処罰されていないことを論証するのが難しいからです。

ましてや、公権力自体が加害者に加担しているとなれば、公権力は一応「お上」である以上、これにたてつくための大義名分を見つけるのは容易ではありません。

その意味で、自警行為に訴える以上は、「自分こそが正義なのだ」と主張するのではなく、あくまでも、「やられたからやり返す」にすぎないと割り切る必要に迫られるかもしれません。

『必殺仕置人』というドラマが優れているのは、この難しい問題にも目配せが利いているからです。

第一回のエピソード「いのちを売ってさらし首」のラストシーンで、念仏の鉄と中村主水は、今後も「仕置き」を続けていく決意を語ります。

鉄「俺たちはな、これからもずっと今度みたいな仕置きを続けていくことに決めた」

主水「これは先の長い汚ねぇ仕事だ。向こうがワルなら、俺たちはその上をいくワルにならなきゃいけねぇ。俺たちゃワルよ、ワルで無頼よ、なぁ鉄」

鉄「おう」

主水「(略)だがな、こう悪い奴らをお上が目こぼしするとなりゃ、そいつらを俺たちがやらなきゃならねぇ。つまり、俺たちみたいなろくでなしでなきゃできない仕事なんだ」

中村主水は、自分たちが「正義の味方」なんて言っていません。自分たちは「ワル」で「ろくでなし」だというのです。「お上が目こぼしする」悪者を「その上をいくワル」である自分たちが仕置きするというのです。

これはどういうことでしょうか。

「この世の正義」が悪さの限りを尽くしているとき、これを仕置きするのは「正義」だと思いたいところです。

しかし、権力を悪用する「お上」は一応、支配者として君臨しており、悪徳役人や商人は、その「お上」の威光を笠に着ているわけです。

こうした事情がある以上、法の上では「仕置人」は反逆者でこそあれ、「正義の味方」ではありえません。

したがって、自警行為には、悪を征伐するのに「その上をいくワル」でなければならないという覚悟も必要になる、というわけです。

暴君殺害論

「まあ、政府に対して暴力的手段に訴えるなんて、時代劇の話だけだろう」とお思いになるかもしれません。

ところが、そうではないのです。

ヨーロッパ政治思想の伝統には、**暴君殺害論**という考え方が脈々と流れています。政治思想の用語としての「暴君《タイラント》」は、暴虐非道な君主を意味しません。暴君は、共通善を破壊する政治的指導者を意味します。

つまり、「暴君」とは、自身とその取り巻きや暴君がひいきにする人々の利益だけを追求することで、一般市民の利益を犠牲にする政治を行う政治的リーダーのことです。

その「利益」とは経済的なものとは限りません。むしろ重要なのは、市民としての自由や平等という最も基本的な政治的価値で、それを侵害し、経済的にも市民生活を圧迫するような政治が、暴君による「暴政」です。

ヨーロッパ政治思想には、伝統的に、この「暴君」を殺害することを正当な行為として認める傾向があります。

古代ローマの哲学者キケロは『義務論』という著作の中で、暴政を敷く暴君を殺害することは正当であると主張しています。

ここで、前章で論じた内容を思い起こしてください。

「暴政」とはいったいどのような政治のことだったでしょうか。

そうです。「共通善」がもはや実現していない政治のことです。権力者や、彼らがひいきにする人々が、自己利益を追求する結果、市民たちの生活が脅かされ、自由や平等などといった基本的な政治的価値が実践されていない状態です。

本来、人を殺すことは最も凶悪な犯罪のはずです。

しかし、「共通善」を脅かす邪悪な権力者（つまり「暴君」）を殺害することは、むしろ最も高貴で偉大な行為である、とキケロは主張しました。

暴君による暴政を打ち倒すことによって「共通善」を防衛することこそが最も重要な政治的価値だからです。

この暴君殺害論は、ヨーロッパ政治思想の伝統として脈々と受け継がれているものです。

一七世紀イングランドでは、信仰の自由や課税問題などをめぐって、国王チャールズ一世が議会と対立し、国王を擁する王党派と、それに対抗する議会派との間で内戦状態となり、議会派が勝利を収めます。この事件はピューリタン革命として知られていますが、この革命では、議会派がチャールズ一世を処刑しました。暴君殺害論という考え方があったからこそ、国王を「暴君」として斬首することを正当な行為だと議会派が主張することができたわけです。

さらに時代が下って、二〇世紀には、独裁者ヒトラーの暗殺を試みた勇敢な人々がドイツ人の中にもいました。

たとえば、神学者ディートリッヒ・ボンヘッファーがそうです。

ナチスに反対していた彼はアメリカ滞在中に、友人たちがアメリカへの亡命を画策してくれていたにもかかわらず、あえてドイツに帰国し、ヒトラー暗殺計画に関与します。暗殺計画が失敗に終わったのち、ボンヘッファーが関与していたことが発覚し、彼は処刑されてしまいました。

その暗殺計画とは、一九四四年七月二〇日に一部のドイツ国防軍将校らが指揮して、ヒトラーの暗殺とクーデターを試みた事件です。

トム・クルーズ主演の映画『ワルキューレ』は、この事件の顚末《てんまつ》を描いています。主人公クラウス・フォン・シュタウフェンベルク大佐は、ある作戦会議の席上で、ヒトラーの爆殺を試みますが、失敗に終わります。シュタウフェンベルクをはじめとする作戦の首謀者は、すべて反逆罪に問われ、処刑されました。

しかしシュタウフェンベルクは、今日では、暴君殺害を試みた英雄として顕彰されているのです。

このように、政治権力者が、共通善を破壊することで暴政を敷く暴君となるなら、これを暴力的に殺害することすらも正当なことだと主張できるのです。

第六章　不服従の覚悟とは何か

「他人はともかく自分は」という姿勢

これまで、目前で行われている不正、さらに多数派や社会習慣、世間の常識などに、考えもなしに従順であることの問題点を指摘してきました。その上で、特に、過酷な暴政の下で、どのような不服従や抵抗の方法があるのかを前章で検討しました。

すでに説明したように、従順だったり服従したりすることを拒否するためには、みなさん一人ひとりが、自分の良心の声に耳を傾け、自分が属する組織や社会の「共通善」がどのようなものであるべきかを考えた上で、判断すべきです。

しかし、反論があるかもしれません。

たとえば、私が「絶対にやってはならない仕事」だと考えていることを命令された場合、良心に従って、これを拒否したとしても、どうせ他の誰かがその命令を実行するのだ、だから、上司の言うことを聞こうと抵抗しようと、結局は同じことなのだ。

こうお考えになるかもしれません。

しかし、本当に「結局は同じこと」なのでしょうか？

いいえ、ひとつ大きな違いがあります。

それは、私がそれをやるのかやらないのか、という点です。

たった一人の行為の違いにすぎないじゃないか、といわれれば、たしかにそうです。

一人ひとりがすべて「結局同じことだ」と考えるなら、彼らは全員「やってはならない」命令を実行することになるでしょう。

ですが、これとは反対に、一人ひとりがみんな「拒否しよう」と考えるならどうでしょうか？

彼らは全員、その命令を実行しないはずです。

結局は、一人ひとりの判断・決断にかかっている以上、良心に従い、共通善の実現を目指して行動する人が一人でも多いか、少ないか、で結果は異なってくるはずです。

しかし、そうは言っても、結局のところ、自分ひとりだけが抵抗したところで大した力になれないではないか、という反論があるかもしれません。

実際、哲学者のハンナ・アーレントも言っています。

「権力は、人々が共同で活動するとき人々の間に生まれ、人々が散り散りになるときに消えてしまう」

自分ひとりではどうしようもないからこそ、人々と協力し合い「私たち」を形成することが、現実を変える力を生み出す、というわけです。

このように論じるアーレントは、市民的不服従を実践する人はひとりでは全く無力だ、と言います。集団の一員となってはじめて、市民的不服従は意味をなす、というのです。

この主張が一面の真理をついていることを否定はしません。

しかしながら、**集団は、誰かが声を上げなければ形成されません。**

たったひとりでもいいから、誰かが声を上げた結果、はじめてそれに共鳴する人々が集まることで集団としての力を獲得するのです。その好例は、グレタ・トゥンベリーが始めた環境保護運動です。

彼女は、グローバルな異常気象を大人たちが放置している現状に抗議して、学校を欠席するストライキをたったひとりで開始しました。

彼女がひとりで始めた運動が、その後、世界的な規模で広がりを見せていることはみなさんもご承知の通りです。

「人々が手をつながなければ何も始まらない」という認識を言い訳にして、すべての人々が行動を起こさなければ、現実を変革する集団は形成されようがありません。

つまり**「他人はともあれ、まず自分が声を上げる」という姿勢が必要不可欠なのです。**

まずあなたが一人で現状を拒否し服従を拒絶することで、はじめて人々との連帯が生じるのです。

このことを二〇世紀フランスの小説家アルベール・カミュは次のように述べています。

「われ反抗す、ゆえにわれら在り」

真の連帯には、一人ひとりが「容易には服従しない」という確固とした姿勢が不可欠です。

ただ一緒にいるだけでは、烏合《うごう》の衆にすぎません。

そもそも、「自分の周囲の人々と手を繋《つな》がなければ、現実を変えることはできない」

という主張は、大抵の場合、誰かが声を上げてリーダーとして現れることを待っているにすぎません。

このようなリーダー待望論は、自分の考え方を代弁してくれる人に追随することを意味します。

このような姿勢の根幹には、他人への服従を望んでいることがあります。

なぜでしょうか。

そうです。自分が声を上げることで、その責任を問われることを恐れるからです。

また、他人が声を上げた結果、大勢がそれに追従するようになれば、それについて行くことで自分は安心感が得られるからです。

しかし、そのような姿勢ではダメだということは、これまで説明してきた通りです。

ですから、他人がどうあれ、まず自分にできることから始めて、自ら行動することが決定的に重要なのです。

そして、このような姿勢こそが、民主主義の基盤であることを、二〇世紀イギリスの歴史家R・H・トーニーがその代表作『宗教と資本主義の興隆』の中でこう記しています。

「民主主義の基礎は、個人をしてこの世の権力にひとりで立ちむかわせる勇気をあたえる、精神的な独立意識である」（傍点、引用者）

「みんながやっているから」は危険

しかし、集団の中にあって、自分の考えを貫くことの難しさは経験的に明らかな事実です。

私にとって最も印象的なのは、小学校での経験です。

先生が問題を出して「正解がこれだと思う人は手を挙げなさい」と言ったところ、多くの生徒が挙手しました。

そこで先生が「だけど、本当にこれが正解かなあ。そっちが正解じゃないかな」などと話し出すと、挙がっていたたくさんの手がだんだん下がっていきました。

私は、それが正解であることに自信があったので、最後まで手を挙げていました。

最終的に、私を含むごく数人の生徒に向かって、先生は「最後まで手を挙げていたあなたたちが正しい」と言いました。

確信を持ってブレないことの重要さを教えてもらった授業でした。

この場合、挙がっていた手がどんどん下がっていったのはなぜでしょうか。先生という「権威」によって、ある意見が押し付けられているわけではありません。ただ、先生が「本当かな？」と生徒に疑念を投げかけただけです。

しかし、誰か自信のない者が手を下ろし始めると、その事実を見るだけで、自分が手を挙げていることが躊躇《ためら》われてくるのです。

これは小学生の場合ですが、大人の世界でも似たり寄ったりです。政治における集団は、一人ひとりの「私」が独自の主張を持ち、その主張内容が共通であるからこそ、形成されるべきです。

誰一人として自分の確たる意見を持たないで、ただ一緒にいるだけの集団は、簡単に雲散霧消してしまいます。

「ただ一緒にいるだけ」なのが問題なのは、一人ひとりが他人の挙動にばかり目をやることにあります。

それが大勢迎合主義《コンフォーミズム》の本質です。

第一章で、なぜ人々は従順に服従しがちなのかについて考えました。その中で、日本に固有な条件として「空気」や「同調圧力」の存在についても指摘しました。その結果が、大勢迎合主義です。

かつて一九八〇年代にビートたけしが「赤信号、みんなで渡れば怖くない」という言葉を流行させました。日本人の集団意識の一端を表現したものですが、ここまで本書を読んでくださった読者なら、むしろ「赤信号、みんなで渡るから恐ろしい」という側面があることを理解していただけたことと思います。

つまり、みんながやっていることを、自分もやるべきかどうかを問う必要があるということです。

「みんながやっているから」という理由で、どれだけの悪事が行われていることか。

これは日本に限ったことではありません。

新自由主義思想が横暴を極め、弱肉強食の競争社会となってしまった現代アメリカ社会では、「ズルをする文化（The cheating culture）」が横行するようになったとジャーナリストのデービッド・カラハンは指摘しています。

勝ち組の人々への見返りが増大する一方で、負け組がどんどん惨めになる社会では、とにかくなりふり構わず、競争に勝ち残ることだけが優先されます。

その結果、誠実さや公平さに配慮する姿勢を人々は失ってしまい、不正がどこでもはびこるようになりました。

ちょっと冷静になって道徳に従えば、誠実さや公平さを尊重すべきなのはわかるはずです。

しかし、現実を見れば、そんな理想主義的なことは言っていられない、とにかく勝ち残らなければならないという人はたくさんいます。

こうして「みんながやっているから」という理由で、誰も彼もが、不正な手段に訴えてでも競争に勝ち残ろうとする社会になってしまった、とカラハンは書いています。

このように、「みんながやっているから」という理由には大きな落とし穴が待っていることが少なくありません。

その意味で、むしろ「**みんながやっているから、自分はやらない**」ということが重要なのです。

これとは逆に、みんなが動くまで、誰一人として動かない。これが日本の現実だとすれば、他人はどうあれ、自分は一歩を踏み出すということの意義もまた非常に大きいと言えます。

「隗《かい》より始めよ」という言葉があります。

「大きな仕事はまず身近なところから始めよ」という意味です。

どんな仕事でもどこかから始めなければなりません。ですが、リーダーが現れて、指示をするのを待っていてはいけません。

まず自分からはじめることが大事です。

従順さの果て

以上のような議論は、従順であること、服従することが、周囲の人々や社会一般との関わりにおいて、どのような政治的意義を持つのか、ということを問題としてきました。

では、「他人はともかく自分は」という姿勢とは対照的に、権威や多数派に従順であり服従することを貫き通すなら、それはあなた個人にとってどのような状態をもたらすと思いますか？

一言で言えば、それは、精神的奴隷状態です。

「奴隷」なんていうと、手足を鎖に縛られた哀れな姿で重労働を強制される人々をイメージするかもしれません。

しかし、「奴隷であること」の本質はそのようなところにはありません。

過酷な重労働へ強制されなくても、鎖で縛られなくても、精神的な自由と独立を失えば、それは精神的に奴隷状態にあると言えます。

精神的奴隷状態とは、恣意的な権力の支配の下で絶えず自己検閲することを意味します。

このことを理解するのにうってつけなのが歌手・奥村チヨが一九六九年に発表してヒットした「恋の奴隷」という歌です。作詞家なかにし礼による歌詞は次のようなものです。

あなたと逢《あ》ったその日から
恋の奴隷になりました
あなたの膝にからみつく
小犬のように
だからいつもそばにおいてね
邪魔しないから
悪い時はどうぞぶってね
あなた好みのあなた好みの
女になりたい
あなたを知ったその日から
恋の奴隷になりました
右と言われりゃ右むいて
とても幸せ
影のようについてゆくわ

気にしないでね
好きな時に思い出してね
あなた好みのあなた好みの
女になりたい

すべては自分が服従する人物（この場合、恋人である男性）まかせです。右を向くか左を向くか、その判断すらも男性次第です。男性が気に食わなければ、この女性は男性にぶたれるままです。

ただひたすら自分が恋する男性が好むような自分になりたい。これが従順さの成れの果てです。

この「あなた好みの自分になりたい」というのが精神的奴隷状態の本質です。

実は、日本社会には、このような精神的奴隷がはびこっています。それは「忖度《そんたく》」する人々です。「忖度」する人々は、ひたすら上司が望むところを察知して先回りしてでも上司の期待に沿うように行動します。

つまり「上司好みの私になりたい」というのが「忖度」する姿勢なのです。

「忖度」する人々は自ら自由と独立を放棄し、奴隷状態に自分を貶《おとし》めています。

このような人々が増えれば増えるほど、社会から自由は失われてゆきます。

すべての日本人が、一部の権力者のいうがままに行動するように求められる社会が出現してもおかしくありません。

不服従の果て

では、従順に服従することに徹底するのとは反対に、なかなか容易には服従しない姿勢で一貫するなら、どのような運命が待ち受けているのでしょうか。

それは、苦難の道のりとならざるをえないでしょう。

アンティゴネーは、神の掟に従うために、他の人間の権威や権力に逆らった結果、悲劇的な最期を迎えました。

ゾフィー・ショルは、自分の良心が命ずるままに行動した結果、刑死する運命を辿《たど》りました。

「共通善」という理想に従う場合も同様です。

二〇世紀フランスの哲学者シモーヌ・ヴェイユは「服従と自由についての省察」というエッセイでこう書いています。

「公共善（＝共通善）を愛するあらゆる者は、（中略）残酷で救いのない苦悩に苛まれる」

私たちは、アンティゴネーやゾフィー・ショルのような生命に関わる苦難を体験することはないかもしれません。

しかし、特定の人間が持つ権威や権力、そして社会的習慣や世間的な常識に対して、自分の頭で考えて服従しない場合、どうしても精神的な葛藤を避けることはできません。

権威や権力、そして社会一般の通念は、それに服従することを求め、服従しない者に制裁を加えるのが常だからです。

しかし、良心の声に耳を傾け「共通善」の理想に照らしてみたとき、服従しないことこそが正しい道ならば、正しい道を選ぶことで苦しみを受けるのは不条理なことではないか、そうお思いになるかもしれません。

たしかに、その通りなのです。人生に関する一つの逆説とは、正しい人こそが、苦しみに苛まれるものだ、ということです。

旧約聖書を見ても、神の言葉を伝える預言者たちは、正しいことを行っているわけです。

しかし、まさに正しいことを行うからこそ、預言者たちは権力者や民衆たちから様々な迫害を受けます。中には殺された預言者もいたのです。

正しい人が、その正しさにもかかわらず（また、正しさの故に）、この世にあって様々な苦しみを経験するのはなぜかという人生の難問を論じる神学をウェーバーは「苦難の神義論」と呼びました。

簡単には服従しない生き方には、苦難に耐える覚悟がどうしても必要です。

「しかし、それではなんとも割に合わない話ではないか」

そうお考えになったとしても不思議ではありません。

少しでも精神的平安が欲しい、ストレスから解放されたい、というのが人の常です。

ですが、「少しでも気が楽になりたい」、「安心でいたい」といって甘い誘惑になびいてしまうと、思考を停止し、自分の良心を麻痺《まひ》させ、「共通善」ではなく自己利益だけを追求するようになってしまいます。

その結果、どれほどの不正に自分が加担するようになってしまうか、知れたものではないことは、これまで繰り返し説明しました。

ただし、簡単には服従しない生き方には苦しみがつきものだ、と言っても、その半面、苦しみを通じて人は思慮分別を学ぶという側面があることを指摘しておきたいと思います。

ギリシャ悲劇のひとつ、アイスキュロスの『アガメムノーン』では、苦しみを通じてこそ認識が得られる、と歌われます。

人が判断力を育てるには、苦しみの体験を積み重ねることが必要なのです。

そうした苦難の体験の積み重なるところに、そうした人々が生きる社会もまた思慮分別を獲得するようになるのです。

それだけではありません。

不服従の果てには、様々な苦難が待ち受けているとは言っても、まちがいなく得られるものは「私自身」である、と思います。

それは、自分の足で立って、自分自身の人生を歩くということです。

二〇世紀フランスの実存主義哲学者ジャン＝ポール・サルトルのものと伝えられる言葉にこうあります。

「我々とは、我々の選択である」

つまり、私たち人間は、何事によらず一つひとつ、目の前の事柄について自ら選択することで私たち自身の人生を生きるのだ、ということです。

自分で選択しなければ、私たちは自分の人生を生きていることにはならないのです。

自分自身で選択することを放棄し、他人任せにしたり伝統や習慣、ルールに無批判に従ったり、何事によらず「しかたがない」とか「自分がどうしようと何も変わるものではない」と諦めたりしていては、自分自身の人生を生きていないことになるのです。

権威や多数派に対して従順に服従するのではなく、自分自身で「選択」することとは、他ならぬ自分自身のアイデンティティを確立し、それを守り抜くことです。

なんとなく、多数派や社会慣習、「空気」や「同調圧力」に負けて自分自身の選択をしなければ、自分自身の生を生きるのではなく、「他者」の中に埋没して生きることになってしまいます。

「なんでもいいよ」「わからない」と言って逃げていてはいけません。

「NO」というべきことをはっきり拒否できる人だけが、「YES」というべきことをはっきり肯定できる、ということです。

第一章で説明しましたように、人間は、神々に服従しないことによって自分の運命を切り開く存在として独立したのです。

自分自身の運命を切り開くには、自分自身の意思による「選択」が不可欠なのです。

真の自分への一歩

最近「自分探し」ということがよく語られるようになりました。

ふらっと旅に出たりなどして、自分のやりたいことを探すわけです。

その結果、自分のやりたいことが見つかれば良いですが、結局「何がしたいのかよくわからない」とぼやく若者も少なくありません。

はっきりといえば、「自分」などというものは「探して」見つかるものではありません。

先ほどのサルトルの言葉にあるように、自分の目の前に現れる事柄について、一つひとつ、自分で「選択」することを繰り返してゆくうちに、「自分の生」を生きることになるのです。

一つひとつの選択とは、言い換えれば、「なんでもいいや」「わからない」というあやふやであいまいな「自分」から、真の「自分」へ一歩一歩踏み出すことです。

「あやふやであいまいな自分」とは、「他者」の中に埋没して「他者」の言いなりになることにぬくぬくとした心地よさを感じる自分です。

そうした「自分」から、肯定すべきことをたったひとりではっきり肯定できる「自分」へと脱皮しようではありませんか。

その選択とは、自分が直面する状況から逃避したり思考停止したりせず、むしろそれを乗り越えるために自由な選択をすることに他なりません。

そして、その選択の結果を他人のせいにせず、自分自らが引き受ける覚悟も必要です。

とりわけ、社会や組織の中で自分自身の選択をするには、自分の良心の声に耳を傾けることと、「共通善」という政治的理想にかなった判断をすることが不可欠です。また、自分自身の道徳的信念を貫きつつ、その判断と行動の結果を予見することで、その結果の責任を自分が引き受ける覚悟も持たねばなりません。

しかし、自分の信念を貫き通すことには非常な困難が伴います。

また、自分の判断や行動の結果を予見するといっても、実際の結果は大きく異なったものとなってしまうことも少なくありません。

自分の信念をどこまで妥協せず貫き通せるか。

自分が予期したのとは異なる結果をも引き受けつつも、その結果に挫けず「共通善」の実現のために、どこまで努力を続けるか。

不服従の果てにある自分自身の選択は、このような厳しい課題を私たちに突きつけます。

この課題とどのようにあなたは取り組まれるか、それもまた、あなたご自身の選択に委ねられているのです。

あとがきにかえて

私が小学五年生になった時のことです。

Aという新任教師が私のクラスの担任となりました。

それ以来、二年間にわたり、この教師からいじめにあう日々を送ることになりました。

いろいろと難癖をつけては、私をビンタするのです。

この教師は、本来行うべき授業を行わず、体育ばかりをやっていました。私は体育が不得手だったので、いじめの口実を作るには好都合だったでしょう。

大体、通常の勉強科目では、教える本人がよく内容を知らなかったのは見え見えでした。

その上、井上靖《やすし》原作の映画『天平《てんぴょう》の甍《いらか》』を見て「感動した」と言っては、生徒に全員正座させ、自分は椅子に腰掛けて経典を読み上げる、なんていう馬鹿げたこともしていました。

こんな愚劣で卑劣な教師が、問題視されない時代だったのです。

この恩師ならぬ「怨師」が担任だった二年間の経験こそが、不正権力に対する抵抗という問題に、私がこれまでの研究生活でこだわってきたことの原体験なのではないだろうか、と最近思うようになりました。

中学高校時代を通じて、政治の問題には少なからぬ関心を持ち、文集や同人誌に政治的な話題の文章をいろいろと書いた記憶があります。


日本では政治について語ることを若い人たちは嫌う傾向にある、としばしば報道されています。

「政治」というと、「マウントの取り合い」になり、ネガティブな話が多くて「うざいな」と感じたり、頭をけっこう使うので「カロリーが高」くて、面倒くさいと思ったりしているのかもしれません。

ファッションのような趣味の話なら、かわいいね、とか、これは好きじゃない、という形で済んでしまいますが、政治ではそうはいかないからです。

あるいは、政治にかなり関心があるが、自分自身に直接「刺さる」ような話でないと他人事なので関係ないと思っている場合もあるでしょう。

たとえば、学費を免除するとか、就職・雇用の機会の拡大なんていう問題について、政治家が論じる場合は大いに関心を持つかもしれません。しかし、自分の目の前の利益と関係がないように見える事柄（たとえば、年金問題など）については、関心が持てないかもしれません。

政治を忌避する傾向は、若い人々の間だけに限った話ではありません。社会人の間でも、公の場で政治について論じることはまるでタブーのようになっています。政治について語らないのが大人の態度だ、といわんばかりの風潮です。

しかし、そのような「常識」は日本から一歩外に出たら全く通用しないということをしっかり認識しておく必要があります。

政治とは公共的な問題である以上、万民が関わる問題です。

しかも、世界各国がグローバルに緊密に結びついている現代では、一国の政治が他国に少なからぬ影響を及ぼします。

したがって、自国の政治だけでなく世界諸国の政治についても関心を抱かざるを得ないのが現代の特徴です。

先日、ニュージーランド南島の西海岸を休暇で訪れた際、自然公園の中を歩いたのち、休憩所で腰を下ろしたところ、二人の男性が活発な議論を交わしていました。

一人は高齢のニュージーランド人男性で、もう一人は比較的若いアメリカ人男性でした。二人は、ドナルド・トランプが大統領選に敗北し、ジョー・バイデン政権が誕生したことでアメリカ社会に生じた変化や、ニュージーランド政府によるコロナ危機への対応などについて意見を交わしていました。

日本人にとっておそらく奇異に思われることは、二人が政治について議論したことだけではありません。この二人は、この自然公園の休憩所で初めて会ったばかりなのでした。

見ず知らずの人にも気さくに声をかけるのはニュージーランドの南島では都市部を除けば日常的なことです。

しかし、挨拶程度で会話が終わるのではなく国内・国際政治を論じるというのは、決してこの二人が風変わりだったからではありません。

このようなことはしばしば目にするものなのです。たとえば、美容院や床屋などでも理髪師と客が政治について語り合うことは珍しくありません。

高校生にもなれば、政治について学校で議論を闘わせるのがむしろ普通なのです。

彼らが当然視していることは、大人であれば政治について何らかの意見を持っているはずだ、ということです。

政治について何のコメントもできないのであれば、大人ではなく子供だ、とみなされてしまいます。

その意味でも、まず政治についての問題意識を日常的に研ぎ澄ませておくことが、グローバル化がますます進行する世界を生きてゆく世代のみなさんにとって必要不可欠なのです。

しかし、現在中学・高校生の読者の方々には、霞が関や国際舞台で展開されている政治は、いささか疎遠な感じがするかもしれません。

その意味で、政治をまず私たちの身の回りで毎日のように生じている現象であると理解することから始めることが有効だと思います。

政治を権威に対する服従や不服従の問題として捉えた本書の狙いの一つはそこにあります。

しかも、政治が、服従や不服従の問題として、まさに日常の生活で経験していることなら、政治から逃れようとしても逃れることができないことも明らかです。

政治とは何か。

このことを考えるとき、私には思い出されることがあります。

私が学生時代に学んだ慶應義塾大学法学部政治学科には、「名物」教授のひとりに内山秀夫という先生がおられました。

この先生、なぜ「名物」教授だったかといえば、ひとつにはとんでもない酒豪だったからです。

先生と特に親しかったわけではないので、詳しいことは知りません。しかし、キャンパスでの噂《うわさ》によれば、夜通しで酒を飲んだ挙句、早朝に三田駅前の路上に大の字になって寝ているのをしばしば目撃された、というのです。

というわけで、正直なところ、内山先生はただの「酔っ払い」としか、当時の私は思っていませんでした。

ある日の授業で、先生はこう語られました。

「政治学を学ぶってぇのはさぁ、生きることを学ぶってぇことなんだよ」

これを聞いたときは、「また酔っ払いのオッサンが訳のわからないことを言っている」としか思わなかったのですが、同時に、妙に耳に残った一言でもありました。

それから三〇年近く経ってみると、先生のおっしゃりたかったことがよくわかるような気がするのです。

「政治学」とはもちろん「政治」についての「学問」ですが、それは普段私たちが出入りすることのない国会や、霞が関にひしめいている官庁の庁舎で起こっている事柄についての研究だけではないのです。

服従と不服従に論述の焦点を絞ることで、政治と関わることはまさに人生を生き抜くことでもあるということをお伝えしたいと思いました。

このことを本書から汲《く》み取っていただければ、この小さな本は目的を果たしたことになります。

ちなみに、本文中では映画を具体例として頻繁に用いました。紹介した映画をひとつでも多く是非ご覧になってください。

また、すでに観たことがあっても本書の記述を念頭においてもう一度鑑賞してみてください。

優れた映画は人生に関する様々な真理を視覚的に具体化して表現します。そのような映画をじっくり鑑賞することで本書の記述内容をより深く理解することができると思います。

また、本書は、二〇一九年に刊行した拙著『日本国民のための愛国の教科書』（百万年書房）の姉妹編です。併せて参照いただければ幸いです。


本書は、ちくまプリマー新書編集部の橋本陽介氏からのお誘いをきっかけとして執筆しました。私が二〇〇二年に刊行した処女作『反「暴君」の思想史』（平凡社新書）を読まれた橋本氏は、私に「この内容を現時点で若い読者に向けて書くとすれば、どのような本になるのでしょうか」と問いかけられました。本書の構想を練り上げる段階から刊行に至るまで、同氏には大変お世話になりましたこと、深く感謝申し上げます。

また、ニュージーランド在住で日本語の書物を執筆するためには、現地で入手困難な日本語文献を日本から取り寄せなければなりませんが、鶴田《つるた》桂子《けいこ》氏のご助力を得ることができました。記して厚く御礼申し上げます。

最後に、私事で恐縮ですが、本書の内容について討論相手になってもらったパートナーのドナ・ヘンドリーと、いつも応援してくれている母、将基面宏子《ひろこ》にも感謝の意を記しておきます。

二〇二一年七月　マカンドルー・ベイの自宅にて

将基面　貴巳

ちくまプリマー新書385
従《じゅう》順《じゅん》さのどこがいけないのか

二〇二一年九月十日　初版第一刷発行
二〇二四年九月十五日　初版第四刷発行

著者　将基面貴巳（しょうぎめん・たかし）
装幀　クラフト・エヴィング商會
発行者　増田健史
発行所　株式会社筑摩書房
東京都台東区蔵前二-五-三　〒一一一-八七五五
電話番号　〇三-五六八七-二六〇一（代表）
印刷・製本　中央精版印刷株式会社

ISBN978-4-480-68410-3 C0210 Printed in Japan